Carolin Busch

Kulturhauptstadt Ruhr 2010

Die Etablierung der Kreativwirtschaft und ihr Einfluss auf den strukturellen Wandel im Ruhrgebiet

Diplomica Verlag GmbH

Busch, Carolin: Kulturhauptstadt Ruhr 2010: Die Etablierung der Kreativwirtschaft und ihr Einfluss auf den strukturellen Wandel im Ruhrgebiet.
Hamburg, Diplomica Verlag GmbH 2013

Buch-ISBN: 978-3-8428-9789-2
PDF-eBook-ISBN: 978-3-8428-4789-7
Druck/Herstellung: Diplomica® Verlag GmbH, Hamburg, 2013

Bibliografische Information der Deutschen Nationalbibliothek:
Die Deutsche Nationalbibliothek verzeichnet diese Publikation in der Deutschen Nationalbibliografie; detaillierte bibliografische Daten sind im Internet über http://dnb.d-nb.de abrufbar.

Das Werk einschließlich aller seiner Teile ist urheberrechtlich geschützt. Jede Verwertung außerhalb der Grenzen des Urheberrechtsgesetzes ist ohne Zustimmung des Verlages unzulässig und strafbar. Dies gilt insbesondere für Vervielfältigungen, Übersetzungen, Mikroverfilmungen und die Einspeicherung und Bearbeitung in elektronischen Systemen.

Die Wiedergabe von Gebrauchsnamen, Handelsnamen, Warenbezeichnungen usw. in diesem Werk berechtigt auch ohne besondere Kennzeichnung nicht zu der Annahme, dass solche Namen im Sinne der Warenzeichen- und Markenschutz-Gesetzgebung als frei zu betrachten wären und daher von jedermann benutzt werden dürften.

Die Informationen in diesem Werk wurden mit Sorgfalt erarbeitet. Dennoch können Fehler nicht vollständig ausgeschlossen werden und die Diplomica Verlag GmbH, die Autoren oder Übersetzer übernehmen keine juristische Verantwortung oder irgendeine Haftung für evtl. verbliebene fehlerhafte Angaben und deren Folgen.

Alle Rechte vorbehalten

© Diplomica Verlag GmbH
Hermannstal 119k, 22119 Hamburg
http://www.diplomica-verlag.de, Hamburg 2013
Printed in Germany

Kurzreferat

Die Geschichte des Ruhrgebietes ist gekennzeichnet durch die Entwicklung zum industriellen Ballungsgebiet zu Beginn des 19. Jahrhunderts. Mit der einsetzenden De-Industrialisierung sah sich die Region schlagartig Herausforderungen ausgesetzt, auf welche die starre und monostrukturelle Industrie nicht entsprechend schnell reagieren konnte. Als Folge kennzeichneten hohe Arbeitslosenzahlen und brachliegende Industrieflächen lange Zeit das Ruhrgebiet.

Um 1990 erfolgten erste Projekte zur Umstrukturierung wie die Eröffnung des Centro in Oberhausen oder die Internationale Bauausstellung Emscher Park. Diese waren erste Ansätze des wirtschaftlichen Erneuerungsprozesses des Ruhrgebietes, welcher sich bis heute fortsetzt.

Die vorliegende Arbeit thematisiert die Etablierung von Kreativwirtschaft als Möglichkeit zum strukturellen Wandel des Ruhrgebiets. Aufbauend auf eine Analyse der Standortfaktoren und bisher ergriffener Maßnahmen und Projekte erfolgt die Untersuchung, inwiefern die Kreativwerkstätten als Instrumente der Kulturhauptstadt 2010 die Umstrukturierung zur kreativwirtschaftlichen Metropole unterstützen und beschleunigen können.

Inhaltsverzeichnis

Kurzreferat I
Abkürzungsverzeichnis V
Tabellenverzeichnis VI
Abbildungsverzeichnis VII
Thesen VIII
1 Forschungskonzept 1
   1.1 Forschungsobjekt 1
   1.2 Forschungsziel 1
   1.3 Forschungsstrategie 1
   1.4 Forschungsnutzen 2
2 Kreativwirtschaft 3
   2.1 Herleitung des Begriffes 3
      2.1.1 Kreativität 3
      2.1.2 Wirtschaft 5
      2.1.3 Kreativwirtschaft 5
      2.1.4 Kreativwerkstätten 7
   2.2 Aktualität und Bedeutung für die Zukunft 8
      2.2.1 Bedeutung in der Arbeitswelt 8
      2.2.2 Bedeutung für die Wohnortwahl 10
      2.2.3 Kreativwirtschaft in Deutschland 11
   2.3 Städtische Kreativität 12
      2.3.1 Der Kreislauf urbaner Kreativität 12
      2.3.2 Chancen und Grenzen 17
      2.3.3 Großevent Kulturhauptstadt – Motor oder Hemmnis zur Etablierung der Kreativwirtschaft? 20
3 Analyse des Ruhrgebietes 24
   3.1 Geschichte des Ruhrgebietes 25
      3.1.1 Industrialisierung 25
      3.1.2 De-Industrialisierung 26
      3.1.3 Struktureller Wandel 27
   3.2 Analyse der Standortfaktoren 28
      3.2.1 Event-Attraktivität 29

	3.2.2	Natürliche Attraktivität	33
	3.2.3	SWOT-Matrix	36
3.3		Kreativitäts-Index des Ruhrgebietes	38
4	Analyse einzelner Kreativwerkstätten		41
	4.1	RuhrPop.2010	43
	4.2	RuhrJazz.2010	44
	4.3	RuhrDesign.2010	45
	4.4	RuhrArt.2010	45
	4.5	RuhrGames.2010	47
	4.6	Einzel-Kreativwerkstätten	48
	4.7	Gesamtwertung der Kreativwerkstätten	51
5	Ausblick		52
Quellenverzeichnis			IX

Abkürzungsverzeichnis

F&E	Forschung und Entwicklung
HR	Human Resources
IBA	Internationale Bauausstellung
NRW	Nordrhein-Westfalen
RVR	Regionalverband Ruhr
SWOT	Strength, Weakness, Opportunities, Threats
USP	Unique Selling Proposition

Tabellenverzeichnis

Tabelle 1: Vor- und Nachteile eventorientierten Handelns 22
Tabelle 2: Entwicklung des Steinkohlesektors 1957 - 2007 27
Tabelle 3: SWOT-Matrix hinsichtlich Kreativwirtschaft im Ruhrgebiet 37
Tabelle 4: Elemente des Kreativitäts-Index nach BERGER 39
Tabelle 5: RUHR.2010 *Erleben* - Teilbereiche und deren Inhalt 41

Abbildungsverzeichnis

Abbildung 1: Bereiche der Kreativ- und Kulturwirtschaft 6
Abbildung 2: Touristische Ziele und Wirkungen von Events 21
Abbildung 3: Geografische Aufteilung des Ruhrgebietes 24
Abbildung 4: Bruttowertschöpfung im Ruhrgebiet 2005 nach Sektoren 27
Abbildung 5: Kreativitäts-Index der Ruhrgebietsstädte und der Metropole Ruhr 39
Abbildung 6: Sektoren der Kultur- und Kreativwirtschaft XI
Abbildung 7: Wertekette der Kreativwirtschaft und politische Eingriffsmöglichkeiten XI
Abbildung 8: Der Kreislauf der Kreativität nach WOOD XII
Abbildung 9: Event-Nutzen aus Nachfragersicht nach FREYER XII
Abbildung 10: Leistungskette eines Events nach FREYER XIII
Abbildung 11: Route der Industriekultur XIV
Abbildung 12: Umgestalteter Bereich der IBA Emscher Park XIV
Abbildung 13: Übersicht über die Projekte der Kulturhauptstadt RUHR.2010 XV
Abbildung 14: Beschäftigungsentwicklung in Kreativwirtschaft im Vergleich zur Gesamtwirtschaft NRWs XVI
Abbildung 15: Nationalitäten im Ruhrgebiet 2007 XVI

Thesen

1. Regionen, die es schaffen Kreativwirtschaft zu etablieren, zählen zu den ökonomischen Gewinnern der Gegenwart und Zukunft.

2. Traditionelle natürliche Standortvorteile wie Rohstoffvorräte oder Hafennähe werden für die Wirtschaft der Regionen immer unbedeutender. Entscheidend für das nachhaltige Bestehen ist vielmehr das Humankapital einer Region.

3. In Kreativzentren zeichnet sich das Humankapital durch hohes Fachwissen und Innovationspotenzial, sowie Offenheit gegenüber anderen Nationalitäten, Kulturen und Denkweisen aus. Experten bezeichnen dies als die Standortfaktoren „Technologie, Talent und Toleranz."

4. Kreativarbeiter ziehen weitere Kreativarbeiter an. Ob diese dabei in wirtschaftlichen, technologischen oder künstlerischen Branchen tätig sind ist zweitrangig, entscheidend ist ein anregendes Umfeld aus Bildung und Wissenschaft.

5. Das Ruhrgebiet ergreift seit längerer Zeit Maßnahmen und veranstaltet vereinzelte Projekte, um den strukturellen Wandel vom Industriegebiet zur kreativwirtschaftlichen Metropolregion zu vollziehen.

6. Die Region muss die Austragung von RUHR.2010 als Chance nutzen, die Bevölkerung in den Umstrukturierungsprozess einzubeziehen und bundesweite Imagedefizite auszugleichen.

7. Die Mitwirkung der Bevölkerung beim strukturellen Wandel und deren Identifizierung mit Kreativwirtschaft ist die wichtigste Grundlage für den Erfolg des Kulturhauptstadtjahres und der kultur- und kreativwirtschaftlichen Umstrukturierung.

8. Eine nachhaltige Implementierung kreativwirtschaftlicher Konzepte durch das Kulturhauptstadtjahr kann nur erfolgen, wenn RUHR.2010 in eine langfristige Entwicklungsstrategie der Region integriert ist.

1 Forschungskonzept

1.1 Forschungsobjekt

Den zu untersuchenden Gegenstand der Arbeit stellt das Ruhrgebiet als Austragungsort der Kulturhauptstadt RUHR.2010 dar. Besonderes Augenmerk der wissenschaftlichen Betrachtung liegt dabei auf dem kreativwirtschaftlichen Wandel, dessen bisherigen Umsetzung sowie der Aufarbeitung durch die Instrumente der Kulturhauptstadt. Es erfolgt im Speziellen eine Analyse der Kreativwerkstätten und deren Beitrag zur Etablierung von Kreativwirtschaft im Ruhrgebiet.

1.2 Forschungsziel

Die Arbeit befasst sich mit den Aspekten der städtischen Kreativwirtschaft und der Kulturhauptstadt RUHR.2010. Ziel ist es hierbei, die Vereinbarkeit eines kulturellen Großevents mit einer industriegeprägten Region darzustellen und Potenziale aufzudecken, die sich aus spezifischen Standortfaktoren ergeben. Die Analyse der Kreativwerkstätten zeigt, inwiefern diese Instrumente der Kulturhauptstadt eine Brücke zwischen dem ursprünglichen und angestrebten Image des Ruhrgebietes herstellen und somit die Grundlage zum kreativwirtschaftlichen Wandel schaffen.

1.3 Forschungsstrategie

Grundlage der Arbeit stellt die Herleitung des Begriffes „Kreativwirtschaft" dar. Der Nachweis ihrer Bedeutung für moderne und künftige Märkte verdeutlicht die wirtschaftlichen Chancen und Risiken, welche die Entscheidung über Bestand oder Niedergang einer Stadt erheblich beeinflussen. Darauf aufbauend beschäftigt sich die Arbeit mit den Voraussetzungen und Implementierungsmöglichkeiten aber auch den Grenzen der städtischen Kreativität. Daraus schlussfolgernd ergibt sich, inwiefern das Großevent Kulturhauptstadt die Etablierung von Kreativwirtschaft unterstützen kann.

Anschließend an die theoretischen Betrachtungen zeigt die IST-Analyse der Standortfaktoren des Ruhrgebietes inwiefern Potenzial zum Wandel vom Industriegebiet zur Metropole der Kreativwirtschaft besteht. Abschließend analysiert die Arbeit die Kreativwerkstätten der Kulturhauptstadt RUHR.2010 und ihren Beitrag zum angestrebten Wandel, bewertet diese und gibt Handlungsempfehlungen.

1.4 Forschungsnutzen

Durch Analyse und Bewertung der Kreativwerkstätten sowie deren Beitrag zum kreativwirtschaftlichen Wandel des Ruhrgebietes sollen Schwächen und weitere Potenziale in den bestehenden Konzepten aufgedeckt werden. Dies dient dazu, den angestrebten Imagewandel bestmöglich zu implementieren und somit die Grundlage für die Verankerung der Kreativwirtschaft zu schaffen. Die somit erreichte veränderte Wahrnehmung sowohl durch Anwohner als auch Besucher trägt einen erheblichen Teil dazu bei, das ehemalige Industriegebiet vor dem Niedergang zu bewahren und durch kreativwirtschaftliche Maßnahmen einen nachhaltigen wirtschaftlichen Aufschwung herbeizuführen.

2 Kreativwirtschaft

2.1 Herleitung des Begriffes

Aktuelle Studien des Normura-Institutes belegen, „… dass wir uns nicht mehr im Industriezeitalter, ja nicht einmal mehr im Informationszeitalter befinden. Wir stehen […] auf der Schwelle zum Zeitalter der Kreativität."[1] Diese Auffassung vertritt auch das Zukunftsinstitut unter Matthias Horx, welches die Kreativökonomie als Bestandteil des Megatrendes „New Work" sieht.[2] Den Begriff „Kreativwirtschaft" zu definieren und genau abzugrenzen ist aufgrund seiner Neuartigkeit schwierig. Hilfreich ist es, dabei zuerst die Bedeutung der Begriffe Kreativität und Wirtschaft im Einzelnen zu erfassen.

2.1.1 Kreativität

Der Begriff Kreativität leitet sich aus dem lateinischen „creare" ab, welches dem deutschen Wort „Erschaffen" entspricht. Eine allgemeine Definition beschreibt demzufolge Kreativität als „…die Fähigkeit, Neues zu erfinden, Bekanntes in einen neuen Zusammenhang zu stellen oder von hergebrachten Denk- und Verhaltensschemata abzuweichen."[3] Synonyme wie Ideenreichtum oder Schöpferkraft umschreiben den Begriff und verdeutlichen gemäß der Auffassung Guilfords seine besondere Charakteristik im Vergleich zur Intelligenz. Guilford differenzierte Intelligenz und Kreativität durch die Zielgerichtetheit des Denkens voneinander. Während das intelligente Denkmuster konvergent ist – also auf eine bestimmte Lösungsmethode hinsteuert – entspricht die Kreativität dem divergenten Denken. Dieses findet besonders in unstrukturierten Problemsituationen Anwendung, in denen oftmals die Grundfrage noch nicht deutlich erkennbar ist. Daraus resultieren zahlreiche Denk- und Lösungsansätze in verschiedene Richtungen, was im Allgemeinen als Einfallsreichtum bezeichnet wird. Kreativität lässt sich in folgende Teilbereiche untergliedern:

- Originalität (Neuerkennung von Beziehungen oder Dingen)
- Flexibilität (ungewöhnlicher, aber sinnvoller Gebrauch von Gegenständen)

---

[1] Wood in Liebmann, Städtische Kreativität, S.26
[2] Vgl. Zukunftsinstitut, Megatrend New Work, S. 1
[3] Microsoft Encarta Enzyklopädie 2004, "Kreativität"

- Sensitivität (Erkennen von Problemen und bisher missachteten Zusammenhängen)
- Flüssigkeit (Abweichen von bekannten Denkschemata)
- Nonkonformismus (Entwicklung sinnvoller Ideen auch gegen gesellschaftlichen Widerstand)[4]

Hierbei darf allerdings nicht der Faktor außer Acht gelassen werden, wem die kreative Lösung letztlich dienen soll. Um die angestrebte Zielgruppe zu erreichen, kann es notwendig werden aus Gründen der Sozialverträglichkeit den Nonkonformismus einzuschränken. Weiterhin ist eine beständig kritische Untersuchung des Kreativitätsprozesses und seiner Ergebnisse notwendig. Daher sollten nicht nur Fragen wie: „Für wen sind die innovativen Lösungen gut/ Nutzen stiftend?" untersucht werden, sondern auch mögliche negative Aspekte, wie: „Auf wessen Kosten geschieht die Innovation? Wen betreffen mögliche Nachteile?".

Diese Fragestellungen sind besonders im wirtschaftlichen Bereich wichtig, da das Eintreten neuer Produkte oder Dienstleistungen auf den Markt automatisch das Verhalten anderer Marktteilnehmer und der Nachfrager beeinflusst.

Richard Florida; Buchautor und Universitätsprofessor für Wirtschaft und Kreativität; definiert Kreativität im wirtschaftlichen Kontext als „… die Schaffung nützlicher neuer Arten aus dem Fachwissen über fundamentale ökonomische Ressourcen."[5] Weiterhin sieht er Fachwissen und Information als Instrumente der Kreativität, durch deren Einsatz die Innovation entsteht. Weitere Autoren beschreiben Kreativität als „… die Fähigkeit [durch] „Elastizität des Denkens" auf neue und interessante Ideen zu kommen."[6] Innovationen sind hierbei erfolgreich in die Tat umgesetzte kreative Ideen. Der Kreislauf der Kreativität im Anhang verdeutlicht den Prozess, der von der bloßen Idee bis hin zur Umsetzung in Form einer Innovation stattfindet. Dabei müssen nicht alle Neuerungen grundsätzlich positiv sein. Daher sollte vor der Umsetzung von kreativen Ideen geklärt werden, für wen die Innovation Nutzen stiftend ist.

---

[4] Vgl. ebenda
[5] Florida, The Rise of the Creative Class, S. 46
[6] Braczyk, Kreativität als Chance für den Standort Deutschland, S. 153, Anm. d. Verf.

2.1.2 Wirtschaft

„Wirtschaft ist der Inbegriff aller planvollen menschlichen Tätigkeiten, die unter Beachtung des ökonomischen Prinzips mit dem Zweck erfolgen, die – an den Bedürfnissen der Menschen gemessenen – bestehende Knappheit der Güter zu verringern."[7] Das ökonomische Prinzip beschreibt dabei das Bestreben, das Verhältnis von Output zu Input zu optimieren.[8] Die Tätigkeit des Wirtschaftens geschieht am Markt, wo Angebot und Nachfrage zusammentreffen. Um den kreativwirtschaftlichen Ansatz also nachzuvollziehen, muss Kreativität als menschliches Bedürfnis gesehen werden, welches durch knappe Güter befriedigt wird. Die Herausforderung besteht vor allem für die Angebotsseite darin, Kreativität nicht mehr als primär künstlerischen Begriff aufzufassen, sondern „…als Wirtschaftsfaktor, als Chance zum Geld verdienen"[9] im Bewusstsein zu verankern. Diese Reaktion auf aktuelle Trends entspricht den im Punkt 2.2 dargestellten Kundenbedürfnissen und schafft daher einen Wettbewerbsvorteil. Die kultur- und kreativwirtschaftliche Wertekette im Anhang zeigt Möglichkeiten zur Regulierung der Branche.

2.1.3 Kreativwirtschaft

Die amerikanische Zeitschrift „Business Week" prägte erstmals den Begriff einer „Creative Economy" im August 2000[10], in welcher „… das wichtigste intellektuelle Eigentum nicht Software, Musik oder Filme sind. Es sind die Dinge in den Köpfen der Mitarbeiter."[11] Seitdem wurde der Begriff immer wieder neu aufgegriffen.

Eines der ersten Werke zu dieser Problematik - „The Creative Economy" aus dem Jahr 2001 – stellt dar, dass die Kreativwirtschaft 15 Kreativindustriesektoren umfasst, wie etwa Software, F&E, Design und „kreativitätshaltige" Sektoren, wie die Film- und Musikbranche.[12] Die EU-Studie zu „The Economy of Culture" nimmt weiterhin eine Differenzierung zwischen Kreativ- und Kulturwirtschaft vor. Der Kultursektor umfasst hierbei acht Branchen, wie etwa Künste, Presse und Medien.

---

[7] Wöhe/ Döring, Einführung in die Allgemeine Betriebswirtschaftslehre, S. 2

[8] Vgl. ebenda, S. 49

[9] Wiedemann auf http://www.kreativwirtschaft-deutschland.de/Information/Statements/tabid/134/language/de-DE/Default.aspx, 01.05.09

[10] Vgl. Florida, The Rise of the Creative Class, S. 46

[11] Peter Coy auf http://www.businessweek.com/2000/00_35/b3696002.htm, 05.05.09

[12] Vgl. ebenda

Im Kreativsektor finden sich die Wirtschaftszweige Gestaltung, Architektur, Werbung und Herstellung moderner Medien. (Abbildung im Anhang)[13]

Dahingegen definiert FLORIDA, der als „Erfinder" der Kreativwirtschaft gilt, den Begriff weniger differenziert und bezeichnet all jene als Kreativarbeiter, deren Tätigkeitsinhalte einen kreativen Prozess beinhalten. Entscheidend ist dabei nicht die Branche sondern allein der kreative Output, den jemand liefert.[14]

Die Disharmonie, die schon bei der bloßen Begriffsabgrenzung auftritt, verdeutlicht die Herausforderung, Unternehmen oder Standorten eindeutige und Erfolg versprechende Handlungsempfehlungen zu geben. Die Unterteilung der Kreativökonomie in einzelne Branchen ist zur Analyse des Erfolges dieses neuen Wirtschaftszweiges notwendig. Allerdings ist zu hinterfragen, inwiefern diese Statistiken genaue Informationen liefern, wenn sich die Forschungsinstitute nicht an einer einheitlichen Auffassung orientieren. Als Konsens aller Definitionen ist festzustellen, dass „[e]ine künstliche Trennung von Wirtschaft, Wissenschaft und Kultur [...] überflüssig geworden [ist]."[15] Die folgende Abbildung soll dennoch einen Überblick über den diffusen Begriff „Kultur- und Kreativwirtschaft" geben. Der Entwurf der Autorin vereint das „Drei-Sektoren-Modell" des ersten Schweizer Kulturwirtschaftsberichtes mit der o.g. EU-Studie.

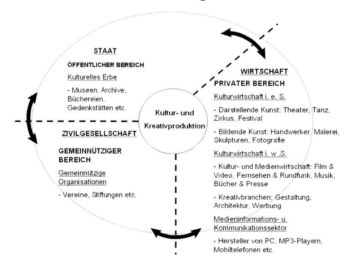

Abbildung 1: Bereiche der Kreativ- und Kulturwirtschaft

---

[13] Vgl. KEA (Hg.) "The Economy of Culture in Europe", S. 3

[14] Vgl. Florida, The Rise of the Creative Class, S. 68

[15] http://www.wiso-net.de/webcgi?START=A20&DOKM=1102010_ZECO_0&WID=70442-8260659-

2.1.4 Kreativwerkstätten

Der Begriff „Werkstatt" allein löst Assoziationen in Richtung der „...handwerklichen, auch teilmaschinellen Fertigung von Gütern"[16] aus. Nun stellt sich die Frage, inwiefern in dieser Auffassung eine Verbindung zur Kreativität hergestellt werden kann, um den Begriff der „Kreativwerkstatt" passend zu umschreiben. Nach Meinung der Autorin tritt der handwerkliche Aspekt als solcher in den Hintergrund, sodass mehr Augenmerk auf die metaphorische Betrachtung des Werkstatt-Begriffs fällt. Nur die volle Ausschöpfung der eigenen Potenziale führt unter Einsatz geeigneter Werkzeuge zu einem bestmöglichen Output. Im Fall der Kreativwerkstatt bedeutet dies, dass die kreative Idee an sich nur durch den gezielten Einsatz geeigneter Instrumente des Marketing-Mix zu einer sinnvollen und nachhaltigen Innovation führen kann. Das Herstellen eines menschlichen Verhältnisses zur kreativen Gestaltung der Stadtstrukturen führt dazu, dass die Kreativwerkstatt einem sozialen und politischen Ereignis mit langer Tragweite entspricht, dessen Wirkungen über den eigentlichen Veranstaltungszeitraum hinausgehen.

Aufgrund der diversen Einsatzmöglichkeiten für Kreativwerkstätten fällt es schwer, eine einheitliche Definition zu formulieren. WILL und POLEWSKY beschreiben die unternehmensinterne Kreativwerkstatt als einen vom Auftrag abhängigen „... unterschiedlich komponierte[n] Mix aus Kreativitäts-Training, Problemlöse-Workshop und Innovations-Coaching"[17]. Die Kulturhauptstadt RUHR.2010 gibt keine konkrete Begriffabgrenzung oder Definition vor, sondern beschreibt die Kreativwerkstätten lediglich als ein Instrument, mit dem das Ruhrgebiet „... über den „Wandel durch Kultur" eine Phase der Neuorientierung und des Neuanfangs als kreative Metropole in Europa [erreicht]."[18] Diese unklare Begriffsabgrenzung stellt insofern eine Schwäche dar, da das Konzept sich dem potenziellen Besucher nicht erschließt. Was genau erwartet ihn? Inwiefern kann er sich selbst einbringen? Wo bestehen Unterschiede zu zahlreichen anderen Projekten der Kulturhauptstadt mit Namen wie „Panoramen", „Brücken" oder „Spielwiesen"? Eine genaue Definition des Begriffes Kreativwerkstatt ist nicht unbedingt notwendig, zumindest aber eine

---

31722_6, 05.05.09, Anm. d. Verf.

[16] Microsoft Encarta Enzyklopädie 2004, Werkstatt

[17] Will/ Polewsky in Braczyk, Kreativität als Chance für den Standort Deutschland, S. 157, Anm. d. Verf.

[18] RUHR.2010 GmbH (Hg.), Kulturhauptstadt Europas RUHR.2010 - Buch eins, S. 84, Anm. d. Verf.

Abgrenzung von den anderen Instrumenten, um dem Besucher in der Fülle von Angeboten eine Art Leitfaden anzubieten.

2.2 Aktualität und Bedeutung für die Zukunft

Die Wirtschaft unterliegt heute mehr denn je unvorhersehbaren Veränderungen. Die Globalisierung führt zum ständigen Eintritt neuer Marktteilnehmer, was zur Verhärtung des Konkurrenzkampfes zwischen einzelnen Anbietern führt. Daraus ergeben sich neue Herausforderungen wie dynamische globale Netzwerke, unsichere Markttendenzen sowie wachsende Kunden- und Mitarbeitererwartungen. Die Kreativwirtschaft bietet daher eine Chance, gezielt Innovationen herzustellen. Nur durch eine so erzielbare beständige Anpassung des eigenen Angebotes an die Anforderungen von Morgen kann die Anbieterseite – seien es Unternehmen oder ganze Städte - ihre Existenz langfristig sichern.[19] Den zunehmenden Innovationsdruck belegt eine weltweite Umfrage der Boston Consulting Group unter 1070 Managern großer Industriezweige. Derzeit sehen sie die Schwächen in ihrem Unternehmen besonders in langen Entwicklungszeiten, Koordinationsschwierigkeiten und Schwächen in Kundenkenntnis sowie Marketing. Daher gaben drei Viertel der Befragten an, dass Innovationen zu den obersten drei Prioritäten ihrer Unternehmensstrategie zählen, für 40 Prozent – Tendenz steigend – ist es sogar die oberste Priorität.[20] Daraus folgt, dass die Bedeutung der Kreativität als wichtigste Grundlage zur Entwicklung innovativer Angebote künftig noch mehr an Gewicht gewinnen muss.

2.2.1 Bedeutung in der Arbeitswelt

Derzeit sind deutschlandweit rund eine Million Arbeiter im Kreativsektor beschäftigt. In 250.000 Betrieben erwirtschaften sie einen Jahresumsatz von 130 Milliarden Euro – ebenso viel wie die Chemische Industrie Deutschlands. Dies ist ein essentieller Beleg für die Abkehr von der Industriegesellschaft und die Entwicklung hin zu einer Dienstleistungsgesellschaft, welche beim Arbeitnehmer von heute grundlegend andere Vorstellungen vom Berufsleben impliziert als noch vor wenigen Jahren.

---

[19] Vgl. Liebmann, Städtische Kreativität, S.26

[20] http://www.wiso-net.de/webcgi?START=A20&DOKM=682372_ZGEN_0&WID=70442-8260659-31722_6, 03.05.09

Starre, regulierte Berufsbilder entsprechen nicht mehr der Schnelllebigkeit unserer Wirtschaft, sodass 68% der Studierenden sich ihre zukünftige Beschäftigung als eine Abfolge zeitlich befristeter Jobs vorstellen.[21] Dies beweist, dass die Arbeitswelt von Morgen durch mobile und flexible Beschäftigungsverhältnisse geprägt sein wird. Indizien hierfür finden sich in der Entwicklung der Teilzeitarbeit. So stieg die Teilzeitquote in der EU-25 - also die Anzahl der Teilzeitbeschäftigten im Verhältnis zu allen Erwerbstätigen - im Zeitraum von 2000 bis 2006 um 2,3% an.[22] Gründe für diesen Anstieg finden sich nicht nur auf der Angebotsseite des Marktes, welcher versucht durch Arbeitszeitverkürzung die allgemeine Beschäftigungssituation zu verbessern, sondern auch auf der Nachfragerseite. Durch die verkürzte Arbeitszeit bleibt dem Berufstätigen genügend Freiräume, in denen er sich selbst verwirklichen kann, sei es nun in der Familie, durch Hobbys oder aber in einem weiteren Job. Die so genannten „Teilzeit-Existenzgründer" nutzen die Möglichkeit, eine Teilzeitbeschäftigung mit Selbstständigkeit oder einer freiberuflichen Tätigkeit zu kombinieren.[23]

Das Beispiel der zunehmenden Teilzeitarbeit verdeutlicht den Wertewandel, der künftig die Wahl des Jobs bestimmen wird. Zukunftskompetenzen der Arbeitnehmer werden darin liegen, statt finanzieller und sozialer Sicherheit die persönliche Weiterentwicklung sowie Freude bei der Arbeit als ausschlaggebendes Kriterium zur Jobwahl anzusehen. Statt sich dem Markt anzupassen, verfolgen die Erwerbstätigen der Zukunft ihre Einzigartigkeit sowie persönlichen Stärken, um sich somit der Austauschbarkeit gesättigter Märkte zu entziehen.[24] Dementsprechend etabliert sich im Gegensatz zu vergangenen Wertevorstellungen die Devise „jobs follow people"[25] – „Jobs folgen dem Menschen". Nicht nur Gehalt und Karrierechancen entscheiden über die Attraktivität des Arbeitsplatzes, sondern ebenso, inwiefern es dem Unternehmen gelingt, „… Anziehungspunkt kreativer Köpfe zu sein und Strukturen zur Verfügung zu stellen, in denen sich das kreative Kapital optimal entfalten und zum Innovationstreiber werden kann."[26] In der

---

[21] Vgl. Zukunftsinstitut, Megatrend New Work, S. 17

[22] Vgl. ebenda, S. 3

[23] Vgl. ebenda

[24] Vgl. Keicher, „Was künftig Arbeit ist", S.1

[25] Vgl. Zukunftsinstitut, Megatrend New Work, S. 10

[26] Keicher, „Was künftig Arbeit ist", S.1

Arbeitswelt von Morgen ist der Mitarbeiter durch sein kreatives Leistungsvermögen der wichtigste Produktionsfaktor. Dies bewegt viele Unternehmen dazu, ein Selbstbild im Sinne von „Ideenfabriken", in denen die Schöpferkraft selbst zur Aufgabe wird, zu schaffen.[27] Weiterhin etablieren sich neue Ansätze im HR–Management, wie etwa die verstärkte Förderung der Vereinbarkeit von Beruf und Familie durch Arbeitszeit-Flexibilisierungsmaßnahmen.[28] Jedoch ist nicht allein die Corporate Identity des Unternehmens entscheidend, um den Arbeiter ans Unternehmen zu binden. Auch das Wohnumfeld sollte ansprechende Freizeitgestaltungsmöglichkeiten bieten, um beim Arbeitnehmer den „Willen zum Bleiben" zu erzeugen. Die „Creative Work braucht Orte und Menschen mit Magnet-Wirkung"[29]: Faktoren wie ein inspirierendes Wohnumfeld durch Bildungseinrichtungen, eine ausgeprägte Subkultur und IT-Infrastruktur beeinflussen den Arbeitsort und somit auch die Jobwahl entscheidend.[30]

2.2.2 Bedeutung für die Wohnortwahl

Die vorangegangene Erläuterung zeigt, dass die Erwerbstätigen – insbesondere die Kreativarbeiter - wachsende Erwartungen an ihren Arbeitsort stellen. Sie suchen Loyalität außerhalb des Unternehmens. Eine Ursache hierfür ist u.a. die geringe Bindung, die ein Großteil der Arbeitnehmer gegenüber dem eigenen Arbeitsverhältnis empfindet. So gaben 2006 lediglich 13% der deutschen Arbeitnehmer an, eine hohe Bindung an ihr Unternehmen zu haben.[31] Trotz oder vielleicht besonders aufgrund der zunehmenden Flexibilisierung und Mobilisierung der Arbeitswelt sind die Erwerbstätigen loyal gegenüber dem Ort, an welchem sie sich wohl fühlen. Dabei legt die Kreativklasse besonderen Wert darauf „... an einem Ort zu leben, der von großer Vielfalt geprägt ist und wo man unterschiedlichen Rassen, Kulturen und sexuellen Orientierungen mit Toleranz begegnet, der Raum für Individualität hat, aber auch seine kollektive Verantwortung für das Wohlergehen der gesamten Gemeinschaft wahrnimmt."[32] Zusammengefasst soll der Einzelne durch Raum für Individualität sein kreatives Potenzial entfalten können. „Der Ort die

---

[27] Vgl. Wood in Liebmann, Städtische Kreativität, S. 27

[28] Vgl. Zukunftsinstitut, Megatrend New Work, S. 9

[29] Keicher, „Was künftig Arbeit ist", S.1

[30] Vgl. ebenda

[31] Vgl. Zukunftsinstitut, Megatrend New Work, S. 19

[32] Florida in Liebmann, Städtische Kreativität, S.29

Firma als entscheidende Organisationseinheit unseres Wirtschaftssystems abgelöst… Orte sind Magnete für Talente."[33] Diese Erkenntnis Floridas verdeutlicht, wie entscheidend es für die Zukunft eines Ortes ist, eine lebenswerte Atmosphäre für Kreativarbeiter zu schaffen.

2.2.3 Kreativwirtschaft in Deutschland

Deutschland bekundete erstmals im Jahr 2007 mit dem „Konzept für eine Initiative Kultur- und Kreativwirtschaft" bundesweites Interesse für diesen Sektor. Seitdem besteht die Enquete-Kommission „Kultur in Deutschland" im Bundestag.

Damit knüpft die deutsche Politik an Maßnahmen anderer EU-Länder wie Frankreich oder Großbritannien an, welche bereits staatsweite Initiativen zur Förderung des neuen Wirtschaftszweiges ergriffen haben. Während das Vereinigte Königreich beispielsweise bereits 1998 das erste Dokument zur Kreativwirtschaft vorlegte, reagierte in Deutschland nur Nordrhein-Westfalen im Jahr 2001 mit einem landesweiten Kulturwirtschaftsbericht.[34] 2008 folgten weitere Förderungsmaßnahmen wie das „KfW-Startgeld", das Kleinunternehmensgründungen erleichtert und deren Finanzierungsmöglichkeiten erweitert. Weiterhin gab die Bundesregierung ein Forschungsgutachten in Auftrag, welches die kreativwirtschaftliche Branche genauer abgrenzen und eine IST-Analyse erstellen sollte. Die Veröffentlichung erfolgte im Februar 2009. In Branchenhearings kommen die einzelnen kulturellen und kreativen Zweige zusammen, was die Grundlage für Benchmarking-Aktivitäten schafft. Die Bundesregierung strebt eine deutschland- und europaweite Vernetzung der Kreativwirtschaftsvertreter an, um „…weitere Anregungen und Ideen für die Stärkung der Wettbewerbsfähigkeit und bessere Ausschöpfung des Potentials der Kultur- und Kreativwirtschaft zu gewinnen."[35]

Diese Initiativen Deutschlands zeigen, dass die Regierung das Arbeitsplatzpotenzial der Kreativbranche erkannt hat. So trug dieser Wirtschaftszweig 2008 mit einem Umsatz von 132 Milliarden Euro mit 63 Milliarden Euro zur Brutto-Wertschöpfung Deutschlands bei und beschäftigte eine Million Menschen.[36]

---

[33] ebenda, S.28

[34] Vgl. Geppert, Kultur- und Kreativwirtschaft in München, S. 5

[35] BMWI (Hg.), Initiative Kultur- und Kreativwirtschaft der Bundesregierung, S. 6

[36] Vgl: ebenda, S. 1ff.

2.3 Städtische Kreativität

In der Vergangenheit führte bereits der Wettbewerbsvorteil auf einem bestimmten Gebiet zum Entwicklungsschub der betreffenden Region. Am Beispiel des Ruhrgebietes waren es die im Punkt 3.3.1 angeführten technischen Innovationen Anfang des 19. Jahrhunderts, welche die Entwicklung zum Industriegebiet förderten. Die durch die Globalisierung bedingte zunehmende Konkurrenz erschwert den Orten künftig die Profilierung. Ein klarer Fortschritt kann nur noch durch Wettbewerbsvorteile auf mehreren Gebieten erzielt werden. Eine Möglichkeit dazu bietet die Fusion technologischer und kultureller Kreativität, um möglichst viele Innovationen in den Bereichen Kulturalität, Technik, Soziales und Produktion zu implementieren.[37] Ein Instrument hierzu stellt der *Kreislauf urbaner Kreativität* von LANDRY und WOOD dar.

2.3.1 Der Kreislauf urbaner Kreativität

Die Weitläufigkeit des Begriffes Kreativität impliziert die Herausforderung, diese in sämtlichen Entwicklungsphasen einer Stadt nutzbar zu machen und strategisch zu lenken. Der Kreislauf urbaner Kreativität stellt dabei ein „... theoretisches Konzept als auch ein dynamisches Instrument zur Schaffung einer Form von erneuerbarer urbaner Energie..."[38] dar. Dieses erkennt, „... dass Kreativität in vielen verschiedenen Formen, mit Hilfe verschiedener Mittel [...], auf viele verschiedene Arten und durch viele verschiedene Handelnde ihren Ausdruck finden kann."[39]

Der im Anhang dargestellte Kreislauf setzt sich aus fünf Phasen zusammen, wobei die erste darin besteht, den *Mut zur Idee* zu stärken. Dazu ist es hilfreich, wenn sich die Stadt ihrer Krise bewusst wird, um kreatives Handeln als „... die intendierte Veränderung nicht mehr adäquater Handlungsmuster"[40] anwenden zu können. Nur dadurch können entsprechende Empfehlungen zur Reduzierung bestehender Schwächen abgeleitet und der so entstehende Freiraum für Innovationen genutzt werden.

Gerade in Industriestädten ist die Bevölkerung an produktions- und effizienzorientierte Wertvorstellungen gewöhnt. Die Hinterfragung dieser oder aber

---

[37] Vgl. Wood in Liebmann, Städtische Kreativität, S. 28f
[38] ebenda, S. 32
[39] ebenda, S. 32f., Anm. d. Verf.
[40] Liebmann, Städtische Kreativität, S. 51

die Suche nach Möglichkeiten der Selbstverwirklichung tritt in diesen Bevölkerungsgruppen in geringem Maße auf. Genau dies ist allerdings notwendig, um „... innovative Geschäftsmodelle, künstlerische Schöpfungen, Erfindungen, neuartige Dienstleistungen"[41] zu konzipieren. Um eine breite Auswahl an Ideen und Handlungsansätze zu erhalten ist es erstrebenswert, einen möglichst großen Kreis der Bevölkerung anzusprechen. Dazu eignen sich Debatten und Vorträge[42] ebenso wie Workshops oder die Einrichtung kreativer Foren. Dies bewegt die Einwohner zum innovativen Denken und somit zur aktiven Teilnahme an der Neustrukturierung der Region und stellt die Modernisierung der Stadtkultur „von unten" sicher.
Krisenbedingte regionale Schrumpfungsprozesse wie im Falle des Ruhrgebietes können dabei hilfreich sein, denn sie „... schaffen Potenziale, wie die Verfügbarkeit von Raum und Zeit."[43] Dabei sind kulturelle Projekte besonders sinnvoll, denn „[b]esonders in Krisenzeiten ist die Kultur eine der größten Ressourcen für die Entfaltung von Kreativität."[44] Weiterhin stärken sie das Selbstvertrauen und die Eigeninitiative junger Menschen.
In der nächsten Phase – der *Verwirklichungsphase* - muss sich der theoretische Ansatz zu einem greifbaren praktischen Projekt entwickeln. Hilfreich ist es dabei, Menschen mit viel versprechenden Ideen ein Beratungsprogramm zum Umgang mit ihrem geistigen Eigentum sowie ein kleines Stipendium oder Darlehen anzubieten. Die Freigabe von Büroräumen zur kostenfreien Nutzung für neu gegründete Unternehmen erleichtert die oftmals schwierige Startphase. Weiterhin bietet ein „Unternehmerprogramm" in Schulen der nächsten Generation von Erwerbstätigen Einblicke in die Unternehmensführung.[45] Um das Bewusstsein der Bevölkerung für den strukturellen Wandel zu erhöhen, wären Schulprogramme oder Weiterbildungsseminare sinnvoll, welche sich mit der praktischen Umsetzung kreativer Ideen beschäftigen. Diese könnten Lerneffekte erzielen und die Hemmschwelle herabsetzen, mit neuartigen und ungewöhnlichen Ideen an die Öffentlichkeit zu treten.

---

[41] Wood in Liebmann, Städtische Kreativität, S. 33

[42] Vgl. ebenda

[43] Liebmann, Städtische Kreativität, S. 56

[44] ebenda, S. 54, Anm. d. Verf.

[45] Vgl. Wood in Liebmann, Städtische Kreativität, S. 34

Um die Verbindung zwischen Projekt, Region und Bevölkerung zu intensivieren sollte der entsprechende institutionelle Rahmen gegeben sein. Die Vernetzung von öffentlichem, privatem und freiwilligem Sektor bündelt vorhandene Ressourcen, setzt daher Potenziale frei und bindet die Akteure aneinander. Während der öffentliche Bereich Projekte initiiert, die Umsetzung mithilfe von Partnerschaften plant und zu Vorabinvestitionen bereit ist, garantiert die Beteiligung des privaten Sektors den persönlichen Input.

Auch die Verwaltung sollte nicht nur zu Kooperationen bereit sein, sondern die Schwerpunkte ihrer Politik überdenken. Zugunsten einer zukunftsorientierten Politik muss der Fokus auf die Gestaltung der städtischen Dynamik und Lebensqualität der Bewohner gerichtet werden und sich von der physischen Infrastruktur abkehren. Die Überwindung „...macht- und parteipolitisch festgefahrene[r] Strukturen..."[46] erleichtert die Kommunikation, interkommunale Zusammenarbeit und somit auch die Innovationsimplementierung. So wurde beispielsweise „Durch die Einführung einer neuen Verwaltungsform im Ruhrgebiet [...] eine neue Welle der Innovation freigesetzt, die andernfalls durch vernichtende innere Streitigkeiten womöglich entmutigt und abgewürgt worden wäre."[47] Eine genauere Betrachtung der institutionellen Ebene erfolgt im Punkt 3.2.2.

Besonders hoch ist die Wertschöpfung durch Kreativität mittels *Aufbau eines kreativen Gemeinwesens*. Beginnen die Menschen, „...zusammenzuarbeiten und ihre Kreativität, ihre Ressourcen und ihre Geheimnisse miteinander zu teilen"[48], können Potenziale gezielt gebündelt werden. Dabei ist der Einbezug endogener Leistungsträger aus dem Wissens- und Bildungsbereich in den Stadtentwicklungsprozess besonders effizient.[49] Die Existenz von Universitäten oder Fachhochschulen stellt einen Standortvorteil dar. Diese Beteiligung von Institutionen, die zur Umsetzung des Wandlungsprozesses nicht unbedingt notwendig wären zeigt dem Bewohner die Bereitschaft der Stadt, in seinem Interesse zu handeln.

---

[46] Liebmann, Städtische Kreativität, S. 55, Anm. d. Verf.

[47] Wood in Liebmann, Städtische Kreativität, S. 30

[48] ebenda, S. 34

[49] Vgl. Liebmann, Städtische Kreativität, S. 52

Hilfreich ist weiterhin der Aufbau einer Datenbank aller an kreativen Aktivitäten beteiligten Unternehmen mit betriebsspezifischen Informationen.[50] Aufgrund der diffusen Auffassung des Begriffes Kreativwirtschaft besteht hierbei die Schwierigkeit alle Unternehmen dieses Sektors zu erfassen, um sie vernetzen zu können. Eine grundlegende Plattform kann die optionale Teilnahme von Firmen oder Selbstständigen an Seminaren, Vortragsreihen oder Diskussionspodien zum Thema Kultur- und Kreativwirtschaft bilden. Die Netzwerke sollten im Optimalfall „… Informationen und Wissen aus unterschiedlichen Bereichen zusammenführen…"[51], um die Kreativität durch diesen Austausch zu fördern. Allerdings muss die Aktivität dieser Plattformen über die reine Informationsanhäufung hinausgehen und das Wissen qualifizieren, um damit auf komplexe Problemsituationen reagieren zu können.[52]

Sind Kommunikationsmöglichkeiten durch Datenbanken und Netzwerke geschaffen, sollten in der nächsten Phase entsprechende *Plattformen zur Herstellung kreativer Produkte, Dienstleistungen und Kunstformen* etabliert werden. Neben der virtuellen muss besonders die materielle Infrastruktur mittels Studios, Büros sowie Galerien zu erschwinglichen Preisen verfügbar sein. Diese prestigeträchtigen Bauten machen die kreative Wirtschaft einer Stadt erst nach außen sichtbar und vermitteln den Eindruck von Veränderung.[53] Gerade Industriestädte bieten hinsichtlich aktueller und künftiger wirtschaftlicher Entwicklungen für solche Kreativzentren ein hohes Potenzial. So können leer stehende Industriegebäude ohne enorme Aufwendungen zu Loftwohnungen, Büros oder Galerien umfunktioniert werden. Neben dieser symbolträchtigen Bedeutung für die Kreativwirtschaft dienen sie somit auch der verstärkten Anziehung kreativer Menschen und bewirken dadurch deren Ansiedlung in diesen Stadtgebieten.

Weiterhin beleben oftmals äußere Einflüsse das Stadtleben neu. „Kreativität bedeutet nicht, sich in geschlossenen Zirkeln zu bewegen, sondern verlangt nach Offenheit – nach innen wie nach außen."[54] Auf Grundlage der lokalen Identität durch

---

[50] Vgl. Wood in Liebmann, Städtische Kreativität, S. 34f.

[51] Liebmann, Städtische Kreativität, S. 54

[52] Vgl. ebenda

[53] Wood in Liebmann, Städtische Kreativität, S. 35

[54] Liebmann, Städtische Kreativität, S. 57

Heterogenität der örtlichen Akteure, führt die Beobachtung städtischer Probleme durch Außenstehende oftmals zu wertvollen Handlungsansätzen

Sind all diese Phasen erfolgreich umgesetzt, erfolgt nun der letzte Schritt: *Publikum gewinnen und Märkte aufbauen*. Die Präsentation der Innovationen in Form von Ideen, Produkten und Dienstleistungen sollte interessant und ansprechend sein. Dementsprechend ist die „… Informationsverbreitung durch Websites und Publikationen, Ausstellungen und Vorträge"[55] ebenso wichtig wie ein Training in Marketing- und Vertriebsmethoden. Gleichermaßen tragen *Ereignisse mit Katalysatorfunktion*[56] einen entscheidenden Teil zur Etablierung der Kreativwirtschaft bei. Durch ihre Richtlinien geben sie der Region einen Handlungsspielraum vor und kommunizieren das angestrebte Image medienwirksam und schnell nach außen.

Um die Nachhaltigkeit zu sichern ist die Gründung von Organisationen sinnvoll, welche sich zentral und somit Kosten sparend mit kreativwirtschaftlichen Problemstellungen auseinandersetzen. Beispielhaft dafür ist die Gründung der „Creative Industries Development Agency" in der ehemaligen englischen Industriestadt Huddersfield. Diese arbeitet mittlerweile auch regional und landesweit[57] und beweist somit erneut die zunehmende Bedeutung der Kreativwirtschaft in der ökonomischen Entwicklung.

Der „Kreislauf urbaner Kreativität" stellt ein gutes Konzept zur kreativen Umstrukturierung von Städten dar, allerdings sind einige Punkte kritisch zu hinterfragen. So erzielt der Kreislauf lediglich dann den erhofften Erfolg, wenn alle Phasen gleichermaßen als wichtig erachtet und dementsprechend umgesetzt werden. Schon bei ungenügender Implementierung eines Punktes kann der Zyklus nicht seine volle Wirkung entfalten, was dazu führen kann, dass dieser scheitert. Dies geschieht, weil der eigentliche Kreislauf – also der unmittelbare Wiederbeginn der fünf Phasen - nur ausgelöst wird, wenn die Ideen und Produkte die Marktnachfrage zufrieden stellen. Erst dann bewirkt die Innovation ein neues Ideenpotenzial, und generiert durch den Einbezug weiterer Bevölkerungsschichten den „Hype".

---

[55] Wood in Liebmann, Städtische Kreativität, S. 36
[56] Vgl. ebenda, S. 30f.
[57] Vgl. ebenda, S. 36

Ein kritischer Aspekt des Kreislaufs ist der Mangel an Kontrollinstrumenten. Durch die unbegrenzten Ausdrucksmöglichkeiten der Kreativität sollten gewisse Indikatoren den Erfolg der Instrumente oder das bereits erreichte Kreativitätslevel einer Region anzeigen. Nur so können die fünf Phasen nachhaltig wirken.

2.3.2 Chancen und Grenzen

Wie der vorherige Punkt gezeigt hat, ist der strukturelle Wandel zur Etablierung von Kreativwirtschaft in einer Stadt mühselig und langwierig. Darüber hinaus muss die Kommune oftmals enorme Investitionssummen aufbringen, um den nötigen Freiraum zu schaffen, der die Umsetzung kreativer Ideen erst ermöglicht. Um möglichst viele Investoren zu gewinnen, müssen besonders im Hinblick auf den globalisierungsbedingt intensivierten Wettbewerb der Regionen untereinander wirtschaftliche Wachstumsphasen genutzt werden. In diesen fällt das Werben für eine bestimmte Region als Investitionsstandort erheblich leichter und die aufgewendeten finanziellen Mittel zeigen schnell Wirkung. Dahingegen weisen Investitionen zu Zeiten geringeren Wachstums oder der Stagnation nur minimal messbare und verspätete Wirkungen auf Standort- und Kulturmarketing auf.[58]

Weiterhin problematisch ist das Abwägen zwischen Erhalt der kulturellen Autonomie und Etablierung der Kreativwirtschaft. Neuartige Kulturveranstaltungen und -institutionen sind zweifellos nützlich, um schnell und massenwirksam ein neues Stadtimage zu kommunizieren. Allerdings hängt der nachhaltige Erfolg eines solchen Konzeptes maßgeblich davon ab, inwiefern dieses stimmig zur Wirklichkeit und dem Selbstbild der Region ist. Daher darf der kreativwirtschaftliche städtische Wandel das Wirtschaftswachstum nicht als alleiniges Ziel haben. Er muss ebenso bestrebt sein, ein Kreativkonzept zu entwickeln, mit dem sich die Bevölkerung identifiziert. Sollte der Etablierung von Kreativwirtschaft ein akuter wirtschaftlicher Niedergang vorausgegangen sein, muss die Umstrukturierung auch dazu beitragen, die entstandenen sozialen Ungleichheiten zu beheben. Städtische Kreativität, die nachhaltig wirken soll beachtet also politische, kulturelle, wirtschaftliche, infrastrukturelle und soziale Aspekte.

Beachtet das kreativwirtschaftliche Konzept die obigen Gesichtspunkte, können Innovationen als Produkt von Kreativität und Wissen in Form neuer Infrastrukturen oder Industrien in marktfähige Produkte umgewandelt werden. Damit verbessern

---
[58] Vgl. Wilks-Heeg in Liebmann, Städtische Kreativität, S. 104ff.

nicht nur einzelne Unternehmen ihre Wettbewerbsfähigkeit, sondern auch die Region, indem sie ihre Attraktivität als Unternehmensstandort bewahrt und optimiert. Laut FLORIDA ist dies ein entscheidendes Merkmal kreativer Zentren. In Gegenden mit einer hohen Konzentration kreativer Ergebnisse, wie etwa Innovationen durch Patentanmeldungen oder das Wachstum der Hightech-Industrie, findet sich auch eine hohe Konzentration der Kreativklasse. Diese Regionen prägt eine allumfassende Dynamik, wie die oben genannten Steigerungen der örtlichen Beschäftigungsrate und Population.

Gegenden, welche über ungünstige Standortfaktoren zur Unternehmensansiedlung - wie etwa infrastrukturelle Schwächen oder mangelnde natürliche Ressourcen – verfügen, erhalten somit die Chance diese und deren ökonomische Folgen auszugleichen. Die kreative Klasse, welche über den wirtschaftlichen Erfolg oder Niedergang einer Region entscheidet, wählt ihren Lebensort nämlich nicht aufgrund dieser Standortmerkmale. Sie entscheidet sich allein auf der Grundlage, wo alle Facetten ihrer Kreativität – seien sie künstlerisch, technisch oder ökonomisch – angenommen werden und sich weiterentwickeln können.[59] Die Kreativklasse sucht „…reichlich hochklassige Vergnügen und Erlebnisse, Offenheit gegenüber Vielfalt jeder Art und über allem Anderen die Möglichkeit ihre Identität als kreative Menschen zu validieren."[60]

Im Umkehrschluss bedeutet dies, dass Kommunen durch Steuererleichterungen und ähnliche Maßnahmen zur Förderung der Unternehmensansiedlung keinen langfristigen ökonomischen Erfolg verzeichnen können. Da der Mensch als Hauptmotor für das regionale Wachstum gilt, ist allein das Schaffen einer lebenswerten Umwelt, um bei der Kreativklasse den „Willen zum Bleiben" zu erzeugen wirtschaftlich rentabel. Dies entspricht auch der Auffassung DEVOLs vom amerikanischen Milken-Institut: „You attract these people and you attract the industries that employ them and the investors who put money into the companies."[61]

Folglich stellt das Errichten von Kreativzentren einen Kreislauf dar: Die Anziehung kreativer Köpfe bewirkt die Erhöhung des regionalen Innovationspotenzials. Unternehmen erkennen dies und siedeln sich dort an. Dies zieht wiederum Investoren an. Eine geschickte Kommunikationspolitik trägt das Bild des kreativen

---

[59] Vgl. Florida, The Rise of the Creative Class, S. 218

[60] ebenda

[61] Devol in Florida, The Rise of the Creative Class, S. 221

Zentrums nach außen, was einen Magnet für noch mehr Kreativarbeiter darstellt und den Zyklus wieder von vorn beginnen lässt. Dabei wachsen Regionen, die über eine große Anzahl Hochgebildeter verfügen schneller und sind besser in der Lage, Talente anzuziehen, als Gegenden mit einem geringen Bildungsdurchschnitt. Investitionen in eine höhere Bildungsinfrastruktur versprechen daher eher ökonomisches Wachstum als Anlagen in die physische Infrastruktur einer Stadt.

Nach FLORIDAs Theorie ist das Humankapital also der wichtigste Einflussfaktor auf die ökonomische Zukunft der Regionen. Um den Vorstellungen der kreativen Klasse zu entsprechen, müssen Regionen möglichst viele der folgenden Kriterien erfüllen:

- Reiche Auswahl an Beschäftigungsverhältnissen

Die künftigen Arbeitnehmer mit einem hohen Bildungsabschluss sehen voraus, dass sie nicht sehr lange in einem Unternehmen tätig sein werden. Demzufolge sollte der Arbeitsmarkt horizontale Karrierewege ermöglichen.

- Abwechslungsreicher Lifestyle

Entsprechend der Zukunftsvision „jobs follow people" wählt die Kreativklasse ihren Wohnort aufgrund der vielfältigen Musik-, Kunst-, Technologie- oder Sportszene und sucht sich erst im nächsten Schritt einen Job in dieser Region. Der Kreativarbeiter verschafft sich somit Zugang zu möglichst vielen Optionen, die ihm optimalerweise genau dann zur Verfügung stehen, wenn er sie braucht.

- Soziales Zusammenspiel

Aufgrund der sinkenden Stabilität traditioneller sozialer Gefüge wie Arbeit und Familie sucht der moderne Mensch an anderen Plätzen wie etwa Cafés nach Bekanntschaften, lebendigen Konversationen und Geselligkeit. Ein Kreativzentrum muss also ausreichend Plätze für solche soziale Interaktionen bieten.

- Vielfalt

Die Kreativklasse sieht als eines der wichtigsten Kriterien für die Wohnortwahl die regional vorhandene Vielfalt an. Die mannigfaltige Existenz ethnischer Gruppen, Rassen, Altersgruppen, sexueller Orientierungen und alternativen Erscheinungsformen setzt ein nach außen sichtbares Symbol der Offenheit gegenüber Außenstehenden. Die unterschiedlichen Lebensstile haben einen hohen Einfluss auf das Stadtbild und geben dem Einzelnen die Möglichkeit sich einer Gruppe mit ähnlicher Haltung anzuschließen, aber auch die Ansichten mit Menschen anderer Weltanschauung auszutauschen.

- Authentizität und Identität

Ein Kreativzentrum bietet durch eine erlebbare Stadtgeschichte mit wahrhaftigen Menschen und Gebäuden einzigartige Erlebnisse. Da der Zukunftsarbeiter seine Identität nicht mehr über den ausgeübten Beruf sondern über den gewählten Lebensraum definiert, bietet dies Ansatzpunkte zur Anziehung der Kreativklasse.

- Qualität des Wohnortes

Zur Einschätzung der Qualität des Wohnraumes existieren drei Kriterien:

Was ist vorhanden? -> die Darstellung von natürlicher und künstlicher Umgebung

Wer ist vorhanden? -> die Vielfältigkeit der Bewohner und wie sie miteinander interagieren

Was passiert? -> aktive, kreative und aufregende Möglichkeiten zur Freizeitgestaltung

Dabei ist der Kreativklasse besonders wichtig, nicht nur als Konsument sondern auch als Produzent der Erlebnisse tätig zu werden.[62]

Die erfolgreiche Implementierung kreativer Stadtstrukturen bietet - wie bereits dargestellt - zweifelsohne zahlreiche Chancen für die Verbesserung der Wirtschaftslage. Gerade Regionen wie dem Ruhrgebiet, die sich aufgrund ökonomischer Veränderungen mit Problemen wie Abwanderungen der Hochgebildeten, baufälligen Brachflächen und Schrumpfungsprozessen konfrontiert sehen, bietet die Kreativwirtschaft zahlreiche Verbesserungsansätze.

Allerdings bleibt die Frage offen, inwiefern Bevölkerungsschichten, die auf die Montanindustrie ausgerichtet sind und demnach nicht zur Klasse der Kreativarbeiter oder Hochgebildeten zählen bereit sind den Wandel mit zu tragen. Verstehen Sie Notwendigkeit und Sinn des angestrebten Imagewandels? Dies bedeutet nicht, dass Industrie- und Dienstleistungsarbeiter der neuen Kreativklasse weichen müssen. Sie sollten jedoch eine grundlegende Bereitschaft zeigen, den kreativen Stadtwandel mit all seinen Konsequenzen zu unterstützen, damit dieser nachhaltig wirkt und zu Innovationen führen kann.

2.3.3 Großevent Kulturhauptstadt – Motor oder Hemmnis zur Etablierung der Kreativwirtschaft?

Laut FREYER stellen Events besondere Veranstaltungen und Ereignisse dar. Ihre „…systematische Nutzung für den Tourismus ergänzt das ursprüngliche touristische

---

[62] Vgl. Florida, The Rise of the Creative Class, S. 224ff.

Angebot und stellt zusammen mit der touristischen Infrastruktur die Gesamtheit der „Attraktionen" eines Ortes bzw. einer Destination dar."[63]

Aufgrund des gestiegenen Wunsches nach Erlebnis- und Kulturkonsum der Besucher werden besonders „…kulturelle Events […] immer häufiger in die Leistungspalette von touristischen Destinationen aufgenommen."[64]

Das Kulturhauptstadtjahr ist als kulturelles Großevent durch seine europaweite Signifikanz von übernationaler Bedeutung. Der Fokus der Besucher liegt auf der Besichtigung von Kulturgütern und gibt der Destination die Möglichkeit zur Imageverbesserung, denn selbst „[e]ine Region, die kaum natürliche Attraktionen besitzt, kann eine Reihe von kulturellen Events entwickeln, um ein attraktives Thema zu begünstigen."[65]

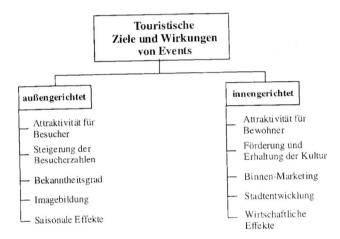

Abbildung 2: Touristische Ziele und Wirkungen von Events[66]

Die oben dargestellten Ziele und Wirkungen von Events nach FREYER entsprechen der Summe aller ökonomischen, sozialen und kulturellen Zielsetzungen. Diese führen bei erfolgreicher Umsetzung zur positiven Entwicklung einer Destination. Events fungieren folglich aufgrund ihrer Aktualität und Gestaltbarkeit als Marketinginstrument im Destinationsmanagement und können Produkt-

---

[63] Freyer, Events – Wachstumsmarkt im Tourismus?, S. 19

[64] ebenda, S. 18

[65] Kreuter in Freyer, Events – Wachstumsmarkt im Tourismus?, S. 19, Anm. d. Verf.

[66] Quelle: Freyer, Events – Wachstumsmarkt im Tourismus?, S. 32

Positionierungen vorantreiben und „...möglicherweise auch der Motor für die touristische Entwicklung einer Region sein."[67]

RUHR.2010 sollte den Imagewandel weg vom ruinösen Industriegebiet hin zur „polyzentrischen Kreativmetropole" bewirken, um auf dieser Grundlage den strukturellen Wandel voranzutreiben.

Dabei bietet ein Großevent zahlreiche Vorteile, aber auch einige Hemmnisfaktoren, die unter Umständen die Nachhaltigkeit der Entwicklungsprozesse beeinträchtigen. Die folgende Tabelle stellt die Vor- und Nachteile übersichtlich zusammen:

Tabelle 1: Vor- und Nachteile eventorientierten Handelns[68]

Vorteile	Nachteile
- sachliche, räumliche und zeitliche Begrenzung → enge Verzahnung von Planung und Umsetzung	- hohe Beteiligung von Privatinvestoren → verringerte Interventionsmöglichkeit d. Öffentlichkeit
- Verringern der Problemkomplexität	- Steuerungsverluste durch fehlende strategische Planung, wenn nicht in langfristiges Entwicklungskonzept integriert
- Steigerung des Innovationspotenzials durch Bündelung finanzieller und personeller Ressourcen	
- keine umfassende Reformerneuerung nötig → erleichterte Konsensfindung → schnellerer Entwicklungsprozess von der kreativen Idee zur Innovation	- begrenzte Reichweite → Entwicklung muss aus Gesamtzusammenhang erfolgen
- Projekt = Lernprozess, Grundlage zur Wissensweitergabe für die Zukunft	- selektive Interessentenvertretung → Gefahr der Vernachlässigung sozialer, ökologischer Belange
	- Zeitdruck erschwert sofortige Lernprozesse
	- Erfolgsdruck

Im Fallbeispiel von RUHR.2010 beugt die Stadt den Nachteilen durch die strategische Planung vor. So besteht kein Überhang privater Investoren: von den 48 Millionen Euro der Basisfinanzierung entfallen lediglich 8,5 Millionen Euro auf private Sponsoren. Die restlichen 39,5 Millionen Euro setzen sich aus Investitionen der Stadt Essen (6 Mio. Euro), des Regionalverbandes Ruhr (12 Mio. Euro), des

---

[67] Ebenda, S. 52
[68] Vgl. Liebmann, Städtische Kreativität, S. 138f.

Landes Nordrhein-Westfalen (12 Mio. Euro) und Geldern von Bund (9 Mio. Euro) und EU (500.000 Euro) zusammen.[69]

Weiterhin integriert das Ruhrgebiet das Kulturhauptstadtjahr sowie seine Veranstaltungen in das langfristige Entwicklungskonzept der Region. Bereits seit der somit ersten öffentlichkeitswirksamen kulturellen Förderung IBA Emscher Park 1988 versucht es durch weitere Kulturprojekte einen Imagewandel zu kreieren. Die aktuellsten Instrumente hierzu bestehen in diversen Festivals, welche bestrebt sind Kultur in den Alltag des durch Montanindustrie und Bergbau geprägten Gebietes zu verankern. So finden bereits diverse Festspiele, wie die Ruhr-Triennale oder Bochum Total, statt. Mit diesen teils internationalen Festivals bestehen spartenübergreifende kulturelle Höhepunkte in Form von musikalischen, tänzerischen, literarischen oder schauspielerischen Darbietungen. Die Analyse im Punkt 3.2.1 zeigt, wie das Ruhrgebiet durch Nutzung ehemaliger Maschinenhallen und Kokereien Kultur mit den natürlichen Standortfaktoren der Region verbindet.

Dementsprechend sollten sich auch die Kreativwerkstätten als Instrumente der Kulturhauptstadt in die langfristige Entwicklungsstrategie einfügen, um sicherzustellen, dass die dort entstehenden Innovationen konform zum angestrebten Image sind. Die so generierte Authentizität schafft für den Nachfrager den größtmöglichen Event-Nutzen, wie die Abbildung im Anhang zeigt. Dabei dürfen nicht nur ökonomische Belange Beachtung finden. Stattdessen müssen Kreativwerkstätten wie alle Projekte der Kulturhauptstadt auch natürliche, soziale und kulturelle Aspekte berücksichtigen.

Demzufolge muss in allen drei Phasen des Events (Abbildung im Anhang) – in Vorbereitung, Durchführung und Nachbereitung – eine Verbindung des ursprünglichen Attraktionspotenzials des Ruhrgebietes mit dem angestrebten Image erfolgen. In der Potenzialphase erfolgt die IST-Analyse, welche die Standortfaktoren und bereits ergriffenen Maßnahmen zum kreativwirtschaftlichen Wandel erfasst.

---

[69] Vgl. Landtag NRW Intern (Hg.), Parlament unterstützt Bewerbung, S. 15f.

3 Analyse des Ruhrgebietes

Um das Attraktionspotenzial der Kulturhauptstadt RUHR.2010 analysieren zu können, bedarf es zuerst einer genauen Gebietsabgrenzung. Dies stellt eine Herausforderung dar, da sich das Ruhrgebiet nicht aufgrund historisch-politischer oder landschaftlicher Einflüsse gebildet hat und daher eine Abgrenzung für Außenstehende schwer wahrnehmbar ist. Dies impliziert Probleme hinsichtlich Fremdbild und Öffentlichkeitsarbeit, welche diese Arbeit weiterführend beleuchtet.

Der europaweit größte Wirtschaftsraum ist nach London und Paris „...der drittgrößte Ballungsraum Europas..."[70] und erstreckt sich von Osten nach Westen über 116 km und von Norden nach Süden über 67 km. Somit umfasst das Gebiet „...eine Fläche von 4.435 qkm, was etwa 13 % der Gesamtfläche Nordrhein-Westfalens entspricht."[71] Das Ruhrgebiet stellt also eine wirtschaftsgeografische Einheit mit Ursprung in der Mitte des vergangenen Jahrhunderts dar. Wie in der Abbildung dargestellt unterteilt sich diese in die vier Landkreise Ennepe Ruhr, Recklinghausen, Unna und Wesel sowie 53 selbständige Gemeinden.

Abbildung 3: Geografische Aufteilung des Ruhrgebietes[72]

Die Besonderheit der Region im Vergleich mit anderen Ballungszentren besteht in der polyzentrischen Gestalt: „Die Ruhrregion hatte nie ein Zentrum."[73] Dieser Fakt ist

---

[70] RUHR.2010 GmbH (Hg.), Kulturhauptstadt Europas 2010 – Buch eins, S. 12

[71] http://www.rvr-online.de/rvr/rvr_gebiet/kompakt.php, 29.04.09

[72] Quelle: ebenda, 16.05.09

[73] Rackwitz, Das Ruhrgebiet als Kulturhauptstadt Europas 2010, S. 99

einerseits vorteilhaft, da alle Städte das Ruhrgebiet gleichberechtigt gestalten; andererseits aber auch negativ, da eine mangelnde kommunale Kooperationsbereitschaft die Unvereinbarkeit der Region nach sich zieht. Das Ruhrgebiet versucht im Zuge des Kulturhauptstadtjahres die Negativseite der Polyzentralität durch die „Dachmarke" Metropolregion RUHR.2010 zu beheben. Um nachhaltig eine einheitliche Metropolregion schaffen zu können, muss zunächst die Entstehung des polyzentrischen Ballungsgebietes nachvollzogen werden. Dies offenbart Herausforderungen hinsichtlich der interkommunalen Kooperation und ermöglicht erst deren Berücksichtigung im Kulturhauptstadtjahr.

Daher beschäftigt sich der folgende Punkt mit der Geschichte des Ruhrgebietes. Dies ist notwendig, um zu zeigen, dass der Entwicklungsprozess zum Industriegebiet nicht nur sichtbare Elemente in Form von Kokereien und Zechen hinterlassen hat, sondern auch Unsichtbares wie die Mentalität der Bevölkerung. Wenngleich die Infrastruktur nach wie vor durch das produzierende Gewerbe - besonders die Montanindustrie – geprägt ist, findet bereits seit einigen Jahren ein struktureller Wandel im Ruhrgebiet statt. Auch dieser wird in seinen Ursprüngen beleuchtet und seine bisherigen Ergebnisse anschließend in der IST-Analyse festgehalten.

Die Untersuchung der Entstehung des Ruhrgebietes samt seiner Alleinstellungsmerkmale schafft die Grundlage für einen authentischen Imagewandel. Die Darstellung der bisherigen Ergebnisse des kulturellen Wandels in der IST-Analyse setzt Richtlinien zur Bewertung der Instrumente der Kulturhauptstadt.

3.1 Geschichte des Ruhrgebietes

3.1.1 Industrialisierung

Zu Beginn des 19. Jahrhunderts war das Ruhrgebiet vorwiegend landwirtschaftlich geprägt und dünn besiedelt. Steinkohle wurde bereits gewonnen, jedoch lediglich in geringen Mengen, beispielsweise für Schmieden oder Salzsiedereien.[74] Dies änderte sich schlagartig mit dem Kohlefund Franz Haniels um 1830 und dem Einsatz der Dampfmaschine im Bergbau. Hellweg-, Emscher- und Lippezone entwickelten sich rasch zu Kohleabbaugebieten und legten den Grundstein für die

---

[74] Vgl. IHK Ruhr (Hg.), Das Ruhrgebiet, S. 2

Industrialisierung dieser Region. Es erfolgte die „…monostrukturelle Ausrichtung auf Kohle, Eisen und Stahl…"[75], die „…eine Abfolge von technischen, wirtschaftlichen und sozialen Implikationen…"[76] nach sich zog. So lockte die industrielle Entwicklung zahlreiche zusätzliche Arbeitskräfte aus dem In- und Ausland in das Ruhrgebiet. Dabei war jede Stadt der Region bestrebt, die Arbeiter an sich zu binden und verschloss ihre Stadtgrenzen gegenüber gemeinsamen wirtschaftlichen Handels – was die Entwicklung eines Zusammengehörigkeitsgefühls verhinderte.[77] Die Arbeiterzuwanderungen aus diversen Ländern Europas – von Preußen und Österreich-Ungarn über die Niederlande bis hin zu Italien und Irland – sowie deren Integration in der zweiten und dritten Generation bildete die Grundlage für die Heute wahrnehmbare Multikulturalität des Ruhrgebietes.[78] Die rasche Industrialisierung brachte weiterhin eine starke Umweltverschmutzung, morbide Infrastrukturen und aufgrund der Fokussierung auf Produktionsleistungen nur unzureichende Möglichkeiten zur Freizeitgestaltung mit sich. All dies führte zur negativen und unattraktiven Wahrnehmung des Stadtlebens im Ruhrgebiet, was sowohl eine Ansiedlung potentieller Investoren und Entwickler als auch neuer Anwohner verhinderte.

3.1.2 De-Industrialisierung

Den Prozess der Ent-Industrialisierung leitete die Kohlekrise 1957 ein. Zu dieser Zeit drängte das wesentlich billigere Rohöl auf den Markt, wodurch Kohle an Wettbewerbsfähigkeit verlor und deren Abbau weitgehend eingeschränkt wurde. Die künstliche „Renaissance der Montanindustrie" zu Beginn der Fünfziger belebte den Sektor aufgrund des allgemeinen Energiemangels im Koreakrieg und des Stahlbedarfs zum Wiederaufbau nur kurzzeitig neu. So verzeichnete auch die Stahlindustrie Mitte der sechziger Jahre gravierende Einbrüche, was die Erkenntnis mit sich brachte, „…dass der ehemalige Wachstumsmotor Kohle, Eisen, Stahl zu einem retardierenden regionalwirtschaftlichen Moment geworden war"[79] und zur Konzentration der Stahlindustrie auf wenige leistungsfähige Standorte führte. So befinden sich heutzutage die einzigen Hochöfen in Duisburg und Dortmund. Die

---

[75] ebenda, S. 3

[76] ebenda

[77] Vgl. Rackwitz, Das Ruhrgebiet als Kulturhauptstadt Europas 2010, S. 83

[78] Vgl. IHK Ruhr (Hg.), Das Ruhrgebiet, S. 4

[79] ebenda

folgende Tabelle zeigt die Folgen der De-Industrialisierung für das Ruhrgebiet im Zeitraum von 50 Jahren:

Tabelle 2: Entwicklung des Steinkohlesektors 1957 - 2007[80]

	1957	2007
Steinkohleförderung in Mio. Tonnen	123	16
Beschäftigte in Zechen	397.000	25.000
Anzahl fördernder Zechen	147	6

Seit 1960 erlebte die Montanindustrie eine gravierende Rezession und verlor etwa eine halbe Million Arbeitsplätze. Dies führte dazu, dass der Anteil der Montanarbeiter an der Gesamtzahl der Beschäftigten im Ruhrgebiet von 28% im Jahr 1960 auf lediglich 4% im Jahr 2007 sank. Dementsprechend musste eine Umstrukturierung stattfinden, um die Region zu erneuen und einen wirtschaftlichen Aufschwung zu generieren.

3.1.3 Struktureller Wandel

Trotz staatlicher Versuche, wie etwa Subventionen in Stahl- und Kohleindustrie des Ruhrgebietes, konnte sich die Region dem strukturellen Wandel nicht entziehen. Die ansässigen Unternehmen „...haben sich zunehmend aus der Montanabhängigkeit gelöst und mit neuen Produktionsprogrammen weitere Märkte erschlossen."[81] Wie die Abbildung zeigt, verschiebt sich der wirtschaftliche Schwerpunkt von der Produktion auf Dienstleistungssektoren, besonders Anlagenbau, Fahrzeugtechnik, Elektronik, Handel und Umwelttechnologien.

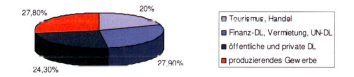

Abbildung 4: Bruttowertschöpfung im Ruhrgebiet 2005 nach Sektoren[82]

---

[80] Vgl. ebenda, S. 5

[81] ebenda, S. 6

[82] Vgl. ebenda

Der strukturelle Wandel impliziert weiterhin das Beheben der ökologischen Folgen der Industrialisierung durch eine überregionale Zusammenarbeit der Kommunen beispielsweise in der Wasser- und Abfallwirtschaft. Dies schafft Naherholungsgebiete, Revierparks und misst den weichen Standortfaktoren eine hohe Bedeutung zu. Die wirtschaftliche Veränderung der Region sucht nach Möglichkeiten „… alte industrielle Strukturen neuen Nutzungsmöglichkeiten zuzuführen."[83] Gelungene Beispiele stellen die Schließung der Zeche Concordia 1968 und die Stilllegung der Gute-Hoffnungshütte 1997 in Oberhausen dar. In beiden Fällen führte die Einstellung der Eisen- und Stahlherstellung zu einem enormen Rückgang der Industriearbeitsplätze. Allerdings schuf die Umwandlung in das Bero-Einkaufszentrum bzw. das Centro – zu seiner Entstehungszeit das größte Einkaufszentrum Europas – wiederum neue Beschäftigungsverhältnisse im Dienstleistungssektor. Wenngleich die neu entstandenen Arbeitsplätze in der Bilanz den Verlust der industriellen Arbeit nicht aufwiegen können,[84] sind dies aufgrund der Unumgänglichkeit der Ent-Industrialisierung positive Beispiele für einen möglichen strukturellen Wandel.

Die radikalste Form der De-Industrialisierung besteht in Form der Musealisierung. „Wenn die Arbeit ausgeht, kommt sie ins Museum."[85] So beschreibt WIRTZ den Prozess der Umwandlung von Fabriken zu klassischen Dienstleistern im Bereich von Kultur und Bildung.

Ob diese Kritik berechtigt ist oder die Potenziale der Umstrukturierung abwertet soll die nun folgende Standortanalyse aufzeigen. Die Untersuchung der Neustrukturierung der Region und daraus folgenden Schaffung neuer Arbeitsplätze zeigt erste kreativwirtschaftliche Ansätze, auf denen die Kreativwerkstätten aufbauen müssen.

3.2 Analyse der Standortfaktoren

Die Bestandsaufnahme des regionalen Attraktionsangebotes verfolgt den Zweck „… die allgemeinen Voraussetzungen für die Durchführung eines spezifischen Events zu prüfen."[86]

---

[83] ebenda, S. 8

[84] Vgl. Wirtz (Hg.), Industrialisierung – Ent-industrialisierung – Musealisierung?, S. 6

[85] ebenda, S. 8

[86] Freyer, Events – Wachstumsmarkt im Tourismus?, S. 40

Dies setzt die Grundlage für die Ableitung sinnvoller und authentischer Instrumente, deren Implementierung einen positiven Imagewandel sowie im speziellen Fall der Kulturhauptstadt RUHR.2010 eine katalysatorische Wirkung auf den kreativwirtschaftlichen Wandel verspricht.

FREYER unterteilt die regionalen Standortfaktoren zur Bewertung der Event-Durchführbarkeit in die drei Bereiche *Event-Attraktivität*, *Natürliche Attraktivität* und *Tourismuswirtschaftliche Attraktivität*.[87] Dies stellt keinen Widerspruch zur traditionellen Aufschlüsselung des touristischen Angebotes in ursprüngliche und abgeleitete Aspekte dar, sondern gruppiert diese lediglich hinsichtlich deren Bedeutsamkeit für das Event. Natürliche und kulturelle Standortfaktoren finden daher ebenso Beachtung wie die allgemeine, touristische und freizeitbezogene Infrastruktur. Da sich diese Arbeit besonders mit dem Einfluss der Instrumente des Großevents Kulturhauptstadt auf den kreativwirtschaftlichen Wandel beschäftigt, ist eine derart unterteilte IST-Analyse zweckmäßig.

3.2.1 Event-Attraktivität

Die Analyse der Event-Attraktivität gibt Aufschluss über die infrastrukturellen Voraussetzungen zur Durchführung der spezifischen Veranstaltung. Fragestellungen wie: „Ist das Event „glaubhaft", d.h. gibt es eine historische, sachliche und/oder fachliche Kompetenz…?"[88] sind kritisch zu hinterfragen. Da RUHR.2010 die Kulturhauptstadt darstellt, liegt der Fokus der Event-Infrastruktur entsprechend auf den kulturellen Standortfaktoren. Einrichtungen wie Theater, Kinos, Opern, Museen und Galerien sind ebenso bedeutend wie die Stätten von Weltkulturerbe oder Religion. Um die Etablierung von Kreativwirtschaft zu begünstigen sollten die kulturellen und religiösen Institutionen dabei einen hohen Grad an Diversität aufweisen.

Im gesamten Ruhrgebiet befinden sich 153 *Museen*.[89] Einerseits dokumentieren diese, etwa das Deutsche Bergbaumuseum in Bochum oder das Ruhr Museum Zeche Zollverein in Essen die Industriegeschichte sowie den Bergbau und vermitteln dem Besucher daher die charakteristischen Alleinstellungsmerkmale der Region anschaulich. Andererseits gehören Ausstellungen mit künstlerischem Fokus,

---

[87] Vgl. ebenda, S. 40

[88] ebenda

[89] Vgl. http://www.kultur-im-ruhrgebiet.de/va_staetten.php?submit=true, 21.05.09

wie etwa das Duisburger Museum für Moderne Kunst Küppersmühle zum Ruhrgebiet. Unbedingt zu nennen ist in diesem Zusammenhang das Museum Folkwang als „das schönste Museum der Welt"[90]. Mit seiner über 80-jährigen Geschichte weist es Sammlungen berühmter Künstler wie Kokoschka auf und zählt seit jeher „… zu den fortschrittlichsten Museen zeitgenössischer und moderner Kunst."[91] Eine Verbindung zwischen der industriellen Geschichte des Ruhrgebietes und der kulturorientierten Zukunft schafft die von WIRTZ erwähnte Musealisierung der Industrie. So ist der ehemalige Scheibengasbehälter „Gasometer" heute die „… ungewöhnlichste Ausstellungshalle Europas"[92] und bietet „Zugang zu Kunst, Kultur und Industriekultur"[93]. Ein weiteres Beispiel bietet der ehemalige Brauereiturm des „Dortmunder U", der mit seiner Fertigstellung 2009 eine Ausstellungsfläche von 80.000 qm für zeitgenössische Kunst bietet und daher „… zum regionalen Kreativwirtschaftsstandort umgestaltet"[94] wird.

Eine thematische Verbindung ehemaliger Produktionsstätten, Museen und Ausstellungen schafft die *Route der Industriekultur*. Die Abbildung im Anhang verdeutlicht den Verlauf der insgesamt 400 km langen Strecke. Der RVR wählte charakteristische Bauten „…der 150-jährigen industriellen Vergangenheit des Reviers, aber auch des sich vollziehenden Strukturwandels…"[95] aus, verknüpfte sie zu einer Route und kennzeichnete sie mit verschiedenen Schwerpunkten. Dies gibt dem Besucher eine Orientierungshilfe und erleichtert ihm das Erschließen der Destination. So markieren 24 „Ankerpunkte", 15 „Aussichtspunkte" und 25 Themenrouten-Startpunkte die Strecke. Weiterhin führt ein 700 km langer Radweg den Besucher durch die industrielle Kulturlandschaft zwischen Duisburg und Hamm und offenbart auch die landschaftlichen Reize des vermeintlich grauen Industriegebietes.[96]

Auch hinsichtlich weiterer Kulturstätten bietet das Ruhrgebiet eine Fülle von Angeboten. So kann der Besucher beispielsweise zwischen 139 *Galerien*[97] wählen,

---

[90] RUHR.2010 GmbH (Hg.), Kulturhauptstadt Europas 2010 – Buch eins, S. 65

[91] ebenda

[92] ebenda, S. 26

[93] ebenda

[94] ebenda, S. 14

[95] http://www.route-industriekultur.de/home/, 21.05.09

[96] Vgl. http://www.route-industriekultur.de/route-per-rad/, 21.05.09

[97] Vgl. http://www.kultur-im-ruhrgebiet.de/va_staetten.php?submit=true, 21.05.09

die sich vor allem auf die Großstädte der Region verteilen. Auch hinsichtlich der *Theater* besteht eine große Diversität bezüglich der Zielgruppe und Standorte. Neben klassischen Schauspiel- und Musiktheatern und Opernhäusern bestehen auch außergewöhnliche Spielstätten wie das Starlight Express Theater in Bochum oder die Freilichtbühne in der Burgruine Isenburg.[98]

Im Jahr 2001 wurde die Zeche Zollverein in Essen zur *Weltkulturerbestätte* gekürt. Zur Zeit ihrer Errichtung 1932 galt sie nicht nur als schönste sondern auch effizienteste Zeche der Welt[99] und gilt heute als Begegnungspunkt für internationale Großveranstaltungen. Auch 2010 wird sie „…der Zentrale Punkt für das gesamte Ruhrgebiet sein."[100]

Die kulturelle Diversität spiegelt sich unter anderem in der Vielfalt *religiöser Stätten* wider. Die christliche Kirche spielt in der Gegenwart des Ruhrgebietes eine ebenso bedeutende Rolle wie in deren Entstehungsgeschichte. Dies unterstreicht folgender Satz: „Neben den Monumenten der Industriekultur sind es die Kirchtürme, die die Silhouette der Metropole Ruhr prägen."[101]

Aufgrund der Vergangenheit des Ruhrgebietes, in welcher zahlreiche Gastarbeiter verschiedenster Kulturen einströmten, kennzeichnen auch jüdische und muslimische Stätten die Region. So stellt beispielsweise die Alte Synagoge in Essen „… eines der bedeutendsten Kulturdenkmäler Deutschlands"[102] dar. Im gesamten Bundesland Nordrhein-Westfalen befinden sich 18 Synagogen.[103]

Die angeworbenen Arbeitskräfte aus dem Ausland zu Zeiten der Industrialisierung brachten weiterhin den Islam ins Ruhrgebiet. Insgesamt repräsentieren die drei Moscheen in Hassel, Marl und Duisburg diesen Glauben. Dabei ist Letztere – die Moschee Marxloh – besonders nennenswert. Die Einweihung erfolgte 2008 ohne gegengerichtete Bürgerinitiativen, wie es beispielsweise bei der Eröffnung muslimischer Stätten in Berlin oder Köln geschehen war.[104] Die Moschee Marxloh setzt daher ein nach außen sichtbares positives Beispiel der Integration und schafft

---

[98] Vgl. ebenda

[99] RUHR.2010 GmbH (Hg.), Kulturhauptstadt Europas 2010 – Buch eins, S. 22

[100] http://www.rvr-online.de/freizeit/sehenswuerdigkeiten/e_zollverein_xii.php, 21.05.09

[101] http://www.essen-fuer-das-ruhrgebiet.ruhr2010.de/programm/projekte/quartiere/kirchen.html, 22.05.09

[102] RUHR.2010 GmbH (Hg.), RUHR.2010 zum Mitnehmen, S. 12

[103] Vgl. http://www.synagogen.info/, 23.05.09

[104] Vgl. http://www.spiegel.de/politik/deutschland/0,1518,586613,00.html, 21.05.09

nicht nur eine Glaubensstätte sondern beinhaltet auch Bildungsangebote, eine Bibliothek und schafft somit einen Ort der Begegnung.[105] Dieses Konzept entspricht FLORIDAs Anspruch an kreative Zentren, da es die Offenheit gegenüber anderen Weltanschauungen mit Begegnungszentren zur sozialen Interaktion verbindet.

Im Jahresverlauf finden im Ruhrgebiet zahlreiche kulturelle Höhepunkte in Form diverser *Festivals* statt, die verschiedenste Zielgruppen ansprechen. Der zahlungskräftigen Zielgruppe bietet das Ruhrgebiet Veranstaltungen wie das Klavierfestival Ruhr und die Ruhrtriennale. Während des Klavierfestivals werden im Zeitraum von Mai bis Juli in der gesamten Region klassische Pianokonzerte aufgeführt. Die Triennale hingegen bietet Kunstaufführungen in Form von Musiktheatern, Konzerten und Schauspielen in Denkmälern des Industriezeitalters wie der Jahrhunderthalle Bochum, der Gebläse- und der Gießhalle im Landschaftspark Duisburg-Nord.[106] Für die junge Zielgruppe bestehen im Ruhrgebiet Musikfestivals, wie etwa Bochum Total oder die Loveparade. Erstgenanntes stellt das „…größte Musikfestival Europas"[107] dar und präsentiert vier Tage lang kostenlos über 70 nationale und internationale Bands in der Bochumer Kneipenmeile Bermudadreieck. Dieses Festspiel wird von 47% der Ruhrbewohner als „zur Region stimmig" empfunden. Dahingegen ist die Loveparade zwar die bekannteste, allerdings am wenigsten in der Bevölkerung verankerte Veranstaltung. Seit 2007 findet die ursprünglich berlinerische Parade im Ruhrgebiet statt.[108] Inwiefern dies eine Chance oder ein Hemmnis zum kultur- und kreativwirtschaftlichen Wandel darstellt, beleuchtet das Kapitel 4.1 genauer.

Zusammenfassend ergibt die Analyse der Event-Attraktivität, dass das Ruhrgebiet über zahlreiche und vielfältige kulturelle Einrichtungen und Veranstaltungen verfügt. Dies schafft eine positive Grundlage für das Kulturhauptstadtjahr 2010. Allerdings bestehen besonders in der Wahrnehmung von außen Imagedefizite, sodass das kulturelle Angebot unterschätzt oder nicht wahrgenommen wird. Die Kulturhauptstadt RUHR.2010 sollte darauf explizit eingehen, indem sie durch die Etablierung von Netzwerken Synergieeffekte schafft, diese durch einen

---

[105] Vgl. RUHR.2010 GmbH (Hg.), RUHR.2010 zum Mitnehmen, S. 13

[106] Vgl. http://www.ruhrtriennale.de/de/spielstaetten/, 22.05.09

[107] http://www.bochumtotal.de/index.php?module_id=6&location_id=19&company_id=0&button_id=1301&cmd=doAction&module_page=p, 22.05.09

[108] Vgl. http://www.essen.de/loveparade/loveparade.asp, 22.05.09

Dachmarkenauftritt kommuniziert und so auch für Außenstehende sichtbar macht. Dies ist unabdingbar, da ein kreativwirtschaftlicher Wandel nur die unter Punkt 2.3.2 erwähnten Standortvorteile generiert, wenn er auch wahrnehmbar ist.

3.2.2 Natürliche Attraktivität

Dieser Aspekt prüft, inwiefern „… adäquate natürliche Faktoren zur Unterstützung des Events vorhanden"[109] sind. An die Bewertung des kulturellen Angebotes im vorigen Punkt schließt sich also die Analyse der Standortfaktoren Landschaft, Politik, Bevölkerung und Infrastruktur an.

Hinsichtlich der *Landschaft* besteht für das Ruhrgebiet die Herausforderung, die freigewordenen Industrie- und Gewerbeflächen zu sanieren und wieder nutzbar zu machen. Weiterhin müssen im Sinne der Ganzheitlichkeit auch die ökologischen Folgen der Industrialisierung wie Luftverschmutzung, Wasserbelastung und Abfallbelästigung behoben werden. Diese kostenintensive Überholung schafft neben einer lebenswerten Umgebung auch Flächen für „…um- und vor allem auch für neu anzusiedelnde Unternehmen"[110] und stellt somit eine Grundlage für die Etablierung von Kreativwirtschaft her. Als eine der ersten kulturellen Bemühungen des Ruhrgebietes gilt die Internationale Bauausstellung Emscher Park 1988, aus der neben Kulturfonds zur regionalen Förderung auch „…herausragende Kulturorte […], die über die Grenzen der Region Beachtung finden"[111], entstanden sind. Dazu zählen der Duisburger Binnenhafen oder das Tetraeder in Bochum. Im Anhang findet sich eine Abbildung, die einen Überblick über das umgestaltete Gebiet gibt.

Sein Bestreben zur Landschaftsaufwertung zeigt das Ruhrgebiet mit der Gründung von Wasserwirtschaftsverbänden und Rohstoff-Rückgewinnungszentren sowie 60.000 im Umweltschutz Beschäftigten. Als Ergebnis bieten die insgesamt 44% Landschafts- und 15% Waldfläche der Region diverse Möglichkeiten zur aktiven Freizeitgestaltung. Neben fünf Revierparks und zahlreichen Grünanlagen bestehen weitläufige Naherholungsgebiete wie in Hohe Mark.[112].

Seit Beginn der De-Industrialisierung prägt auch der Ausbau der Bildungslandschaft den strukturellen Wandel im Ruhrgebiet. Die Ruhr-Universität Bochum wurde 1962 als Erste der Region gegründet. Seither sind vier weitere Universitäten und zehn

---

[109] Freyer, Events – Wachstumsmarkt im Tourismus?, S. 41

[110] IHK (Hg.), Das Ruhrgebiet – eine Region im strukturellen Wandel, S. 8

[111] Rackwitz, Das Ruhrgebiet als Kulturhauptstadt Europas 2010, S. 88, Anm. d. Verf.

Fachhochschulen hinzugekommen[113], die neben ingenieur- oder naturwissenschaftlichen Studiengängen auch die Ausbildung in Musik und Darstellenden Künsten ermöglichen. Mit circa 152.543 Immatrikulierten im Wintersemester 2007/08 studierte im Durchschnitt jeder dritte Akademiker Nordrhein-Westfalens im Ruhrgebiet.[114] Weiterhin ergänzen drei Fraunhofer-Institute, vier Max-Planck-Institute sowie wirtschafts- und kulturwissenschaftliche Forschungszentren die Bildungslandschaft und implizieren eine „…hohe Dichte an Forschungskapazitäten."[115] Das Ruhrgebiet verfügt folglich über ein hohes intellektuelles Potenzial, welches Technologie- und Gründerzentren versuchen für die Region nutzbar zu machen. Diese „…geben technologie-orientierten Jungunternehmern günstige Startbedingungen zur Entwicklung marktfähiger Produkte und Dienstleistungen"[116] und wirken so der Abwanderung der kreativen Köpfe entgegen. Diese Maßnahmen führten dazu, dass das Ruhrgebiet heute eine der dichtesten Bildungs- und Forschungslandschaften Europas darstellt.

Politisch besteht in der Region noch immer das Problem der kommunalen Uneinigkeit. Die bisher weitestgehend autonome und isolierte Existenz der 53 Gemeinden führte zum „Kirchturmdenken" und erschwert weiterhin die „…auf ein gemeinsames Ziel gerichtete Zusammenarbeit."[117] Obwohl die Verringerung der Landkreise und kreisfreien Städte seit 1975 die Konsens- und Handlungsfähigkeit der Region verbesserte, bestehen nach wie vor verwaltungspolitische Differenzen. So verwaltet der Regierungsbezirk Düsseldorf den Westen des Ruhrgebietes, der Regierungsbezirk Münster den Norden und der Bezirk Arnsberg leitet den Rest der Region. Weitere Verwaltungsorgane des Reviers stellen die Landschaftsverbände Rheinland und Westfalen dar.[118]

Dementsprechend nimmt auch die *Bevölkerung* die Region als diffuses Gebiet wahr. So wissen insgesamt nur 69% der 5,3 Millionen Einwohner, dass das Ruhrgebiet 2010 Kulturhauptstadt wird.[119] Dabei bestehen deutliche Schwankungen zwischen

---

[112] Vgl. IHK (Hg.), Das Ruhrgebiet – eine Region im strukturellen Wandel, S. 8f.

[113] Vgl. RUHR.2010 GmbH (Hg.), Kulturhauptstadt Europas RUHR.2010 – Buch eins, S. 14

[114] Vgl. http://www.rvr-online.de/publikationen/statistik/archiv_2008/stud_0708.php, 25.05.09

[115] IHK (Hg.) IHK (Hg.), Das Ruhrgebiet – eine Region im strukturellen Wandel, S. 8

[116] ebenda

[117] Rackwitz, , Das Ruhrgebiet als Kulturhauptstadt Europas 2010, S. 99

[118] Vgl. http://www.rvr-online.de/rvr/rvr_gebiet/kompakt.php, 29.04.09

[119] Vgl. Forsa (Hg.), Wandel durch Kultur?, S 14

den einzelnen Gegenden. Während 95% der Essener wissen, dass das Ruhrgebiet Europas Kulturhauptstadt 2010 ist, sind es in Hamm nur 43%.[120]

Ein fehlendes Wir-Gefühl erzeugt nicht den nötigen Zusammenhalt, den besonders Kreativarbeiter in ihrem Wohnort suchen. Tragen die Anwohner durch ihr Selbstbild und ihre Einstellung zum strukturellen Wandel die Etablierung der Kreativwirtschaft nicht mit, erschwert dies den Imagewandel erheblich und verringert auch die Effizienz des Kulturhauptstadtjahres. Um den Wandel zu einem Kreativzentrum zu vollziehen, muss das Ruhrgebiet die Hochgebildeten zum Bleiben bewegen. Dies stellt eine Herausforderung dar, da aktuell 65% der Jugendlichen und 56% der Bildungselite zur Abwanderung bereit sind. Problematisch ist weiterhin, dass der „… Wandel durch Kultur, das höchste Ziel der Kulturhauptstadt 2010"[121] in der Bevölkerung (noch) nicht verankert ist. Vielmehr erzeugt die kulturelle Wende die Angst „…des Verlustes eines „emotionalen Kerns", also einer Identität, die die Älteren aus eben jenem obsolet gewordenen Selbstbild des ehrlichen Malochers bezogen und offenkundig immer noch beziehen."[122] So sind bisherige Bemühungen zum kreativen Wandel wie die Entwicklung hin zur Dienstleistungsgesellschaft sowie die Etablierung einer Bildungslandschaft nicht wahrnehmbar. Kultur ist nach wie vor ein weitläufiges Gut zu dem der durchschnittliche Anwohner keinen Bezug hat.[123] Weiterhin erwartet die Mehrheit lediglich vorübergehende Impulse durch RUHR.2010. Nur 43% rechnen damit, dass das Ruhrgebiet dauerhaft kulturell profitiert.[124] Jegliche Instrumente der Kulturhauptstadt müssen daher insbesondere die Herausforderung bewältigen, die Bewohner des Ruhrgebietes zur aktiven Anteilnahme und Unterstützung des kreativwirtschaftlichen Wandels zu bewegen. Um dies zu erreichen, sollten besonders die Kreativwerkstätten die Möglichkeit nutzen, Kultur in der breiten Bevölkerung und nicht nur bei den Hochgebildeten und Wohlhabenden zu verankern. Weiterhin muss das Ruhrgebiet eine spürbare Gemeinschaft darstellen, um die so entstehenden Synergieeffekte zum kulturellen Wandel zu nutzen und die Kreativklasse dadurch anzuziehen. Um dies zu erreichen ist es zweckmäßig, zuerst die räumlichen Abstände zu überwinden um durch

---

[120] Vgl. ebenda, S 15

[121] ebenda, S 1

[122] ebenda

[123] Vgl. ebenda, S 2

[124] Vgl. ebenda, S 17

gemeinsame Projekte das Ruhrgebiet neu zu gestalten. Die vorhandene *Infrastruktur* bietet sich zu kooperativen Aktionen an. So verfügt die Region mit dem Verkehrsverbund Rhein-Ruhr über den größten öffentlichen Nahverkehrsverband Deutschlands. Wenngleich allein in Ost-West-Richtung drei Autobahnen bestehen, ist das Autobahn- und Straßennetz aufgrund des hohen Verkehrsaufkommens noch ausbaubedürftig. 100.000 KfZ nutzen die A40 durchschnittlich am Tag und machen sie somit zu einer der bundesweit verkehrsreichsten Autobahnen.[125] Weiterhin fehlt es dem Ruhrgebiet an leistungsfähigen Nord-Süd-Verbindungen.[126] Mit seinen „… zahlreichen direkten Anschlüssen an das internationale Straßen-, Schienen-, Wasserstraßen- und Luftverkehrsnetz"[127] besitzt es insgesamt betrachtet „…im Vergleich mit anderen Ballungsräumen [eine] gut ausgebaute und leistungsfähige Verkehrsinfrastruktur."[128]

Besonders das gut erschlossene öffentliche Verkehrsnetz bietet im Kulturhauptstadtjahr und darüber hinaus Kooperationsmöglichkeiten zwischen den einzelnen Städten. Es ermöglicht beispielsweise gemeinsame kulturelle Aktionen, welche die räumliche Distanz zwischen den Städten der polyzentrischen Metropolregion überwinden sollen, um dadurch bei den Bewohnern des Ruhrgebietes ein „Wir-Gefühl" zu erzeugen.

3.2.3 SWOT-Matrix

Die SWOT-Matrix fasst die Ergebnisse der vorausgegangenen IST-Analyse zusammen und bewertet die einzelnen Aspekte danach, inwiefern sie der Etablierung von Kreativwirtschaft dienen oder sie hindern. Mit dem Aufzeigen von Stärken und Chancen aber auch Schwächen und Risiken, setzt die Matrix Schwerpunkte, welche die Kreativwerkstätten beachten müssen, um fördernd und nachhaltig auf die Schaffung von Kreativwirtschaft im Ruhrgebiet hinzuwirken.

---

[125] Vgl. http://www.strassen.nrw.de/projekte/a40/ausbau-wattenscheid.html, 27.05.09

[126] Vgl. http://www.ihk-nordwestfalen.de/verkehr_infrastruktur/PositionspapierVerkehrsforumRuhr.php, 27.05.09

[127] IHK (Hg.), Das Ruhrgebiet – eine Region im strukturellen Wandel, S. 7

[128] ebenda, Anm. d. Verf.

Tabelle 3: SWOT-Matrix hinsichtlich Kreativwirtschaft im Ruhrgebiet

Stärken	Schwächen
- Bewusstsein über Krise (hohe Arbeitslosenzahlen durch Entindustrialisierung) → Grundlage für neue Strukturen - Europas dichteste Bildungs- und Forschungslandschaft - Einführung innovationsfördernder Verwaltungsformen - Offenheit nach Außen durch Kommunikationsplattformen (Online-Wissenschaftsportal[129], Diskussionsforen mit erfahrenen Fachleuten) - kultureller Wandel und gleichzeitig Erhalt des Ursprünglichen (Umwandlung von Industriedenkmälern in Kultur-/Kreativstätten) → USP - hohes Besucherpotenzial (25% der Deutschen besuchten Ruhrgebiet '07)[130] - Offenheit gegenüber anderen Weltanschauungen/ Kulturen → 550.000 Einwanderer aus 170 Nationen[131]	- weite Teile der Bevölkerung identifizieren sich nicht mit Wandel (Produktionsorientierung, Kultur als Zusatzgut) - Umstrukturierung nicht „von unten" sondern „aufgesetzt" - hohe Arbeitslosen- (April 09: 11,4%)[132] und Abwanderungsquoten → trotz hoher Studierendenanzahl im Ruhrgebiet sind nur 12,2% der Beschäftigten Akademiker[133] - negatives Selbstbild der Bewohner[134] - Defizite im Freizeit- und Kinderbetreuungsbereich[135] → wichtige Lifestyle-Faktoren für Kreativklasse - fehlende interkommunale Kooperation - hohe Imagedefizite: Assoziation mit „Kohlenpott", Industrie, Arbeitslosigkeit[136] - mangelndes Besucherinteresse an RUHR.2010 (78% der Deutschen: Besuch nur evtl./ auf keinen Fall[137])

---

[129] Vgl. http://www.wissenschaft2010.de/, 28.05.09

[130] Vgl. Forsa (Hg.), Wandel durch Kultur?, S 38

[131] Vgl. Rackwitz, Das Ruhrgebiet als Kulturhauptstadt Europas 2010, S. 101

[132] Vgl. http://www.rvr-online.de/publikationen/statistik/arbeitsmarkt.php, 28.05.09

[133] Vgl. Läpple, Kultur und Kreativökonomie – neuer Motor der Stadtentwicklung?, S. 34

[134] Vgl. Forsa (Hg.), Wandel durch Kultur?, S 37

[135] Vgl. ebenda, S. 9

[136] Vgl. ebenda, S. 29

[137] Vgl. ebenda, S.41

Chancen	Risiken
- Einbezug des endogenen Potentials (Bildungsbereich) in Umstrukturierung - von Beginn an Erfassung der kreativwirtschaftlichen Unternehmen in Datenbanken → Kooperation, Synergieeffekte - Orientierung des Wandels an den durch die Bevölkerung mitgetragenen kulturellen Events (Bochum Total, Ruhr-Triennale) - durch Integration des Kulturhauptstadtjahres in bisheriges Konzept Nutzen als Katalysator - Bündelung finanzieller Ressourcen durch RUHR.2010 → verbessertes Investitionsklima → schneller Wandel	- diffuse Begriffe „Ruhrgebiet", „Kreativwirtschaft" → Unsicherheit der Bevölkerung und Besucher - Finanzkrise → ausbleibende finanzielle Unterstützung → Negativschlagzeilen[138] - weitere Subventionierung der Montanindustrie bis 2018[139] → kontraproduktiv - Langwierigkeit der Entwicklungsprozesse durch Weitläufigkeit des Gebietes → langwierige Verwaltungsprozedur etc.

3.3 Kreativitäts-Index des Ruhrgebietes

Der Kreativitätsindex dient dazu, das langfristige wirtschaftliche Potenzial einer Region zu ermitteln und geht auf FLORIDA zurück. Der deutsche Unternehmer ROLAND BERGER, der eine gleichnamige Unternehmensberatung führt, griff die Idee des Kreativitätsindex auf. Er beleuchtet die folgenden Elemente einer Region mit entsprechenden Unterkategorien:

---

[138] Vgl. http://www.welt.de/wams_print/article3711242/Zwangs-Diaet-fuer-die-Kulturhauptstadt.html, 28.05.09

[139] Vgl. http://www.spiegel.de/wirtschaft/0,1518,464838,00.html, 28.05.09

Tabelle 4: Elemente des Kreativitäts-Index nach BERGER

Element der Region	zugehörige Unterkategorien
Technologie	Innovation (Patentanmeldungen) F&E
Talent	Humankapital Kreatives Potenzial Förderung von Bildung/ Ausbildung
Toleranz	Offenheit Urbanität

Die Analyse dieser Aspekte gibt Aufschluss darüber, inwiefern der strukturelle Wandel erste wahrnehmbare Fortschritte zeigt. Gleichzeitig weist er die Bereiche aus, in denen die Differenz zwischen optimalen kreativwirtschaftlichen Standortfaktoren und tatsächlichen Standortfaktoren noch hoch ist.

Die folgende Abbildung veranschaulicht, dass die Metropole Ruhr und ihre einzelnen Städte einen niedrigen Kreativitätsindex aufweisen:

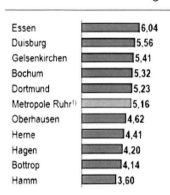

Abbildung 5: Kreativitäts-Index der Ruhrgebietsstädte und der Metropole Ruhr[140]

Essen erreichte im bundesweiten Vergleich nur den zwölften Platz im Kreativitäts-Städteranking. Zum Vergleich: die erstplatzierte Stadt München weist einen Kreativitäts-Index von 12,52,[141] also einen mehr als doppelt so hohen Wert der bestplatzierten Ruhrgebietsstadt auf.

---

[140] Quelle: http://www.ruhrbarone.de/kreativitatsindex-schlechte-noten-fur-das-ruhrgebiet/, 08.06.09
[141] Vgl. http://rangliste.faz.net/staedte/ranking.php?id=total, 08.06.09

Dies ist bedenklich, da das Ruhrgebiet schon seit Langem den strukturellen Wandel anstrebt und in einigen Aspekten bereits umsetzen konnte. So wurden 2008 23.141 kreativwirtschaftliche Unternehmen erfasst, was eine hohe Steigerung zum Vorjahr von 14,5 % bedeutet.[142] Bereits 2007 waren 211.897 Erwerbstätige in der Kultur- und Kreativwirtschaft beschäftigt, womit dieser Wirtschaftszweig einen Anteil 3,3% an der Gesamtwirtschaft hatte.[143] Eine Statistik im Anhang weist die positiven Auswirkungen der Kreativwirtschaft für die Beschäftigungsentwicklung NRWs nach. Hinsichtlich der Patentanmeldungen lag NRW 2006 im bundesweiten Vergleich mit 250 angemeldeten Patenten pro Millionen Einwohner auf dem sechsten Platz.[144]

Der gut ausgeprägte technologische Aspekt ist folglich nicht die Ursache für den niedrigen Kreativitätsindex. Vielmehr liegen die Probleme im Bereich der Talentförderung. Zwar verfügt die Metropole Ruhr über zahlreiche Bildungseinrichtungen, allerdings verlassen viele Absolventen nach abgeschlossener Ausbildung die Region. Gründe hierfür bestehen in der kaum vorhandenen Identität des Ruhrgebietes und den quantitativ aber nicht qualitativ existenten Möglichkeiten der Freizeitgestaltung. Demzufolge fehlt es der Metropole Ruhr an Hochgebildeten und qualifizierten Arbeitskräften, die als Grundlage für einen strukturellen Wandel fungieren könnten.

Die Multikulturalität der Region lässt mit 550.000 Ausländern[145] aus diversen Nationen (Abbildung im Anhang) im ersten Moment eine positive Auswirkung auf den Aspekt Toleranz vermuten. Eine genauere Betrachtung ergibt aber, dass dies eine weitere Herausforderung für die Metropole Ruhr darstellt. So sind die Migranten besonders in der Bildung stark benachteiligt. Es besteht beispielsweise keine internationale Schule und auch insgesamt fördert das Ruhrgebiet Migrantenkinder schlechter als andere Städte dies schaffen.[146]

Zusammenfassend besteht folglich die größte Herausforderung für die Etablierung von Kreativwirtschaft im Ruhrgebiet in der Errichtung einer sozial und kulturell lebenswerten Atmosphäre.

---

[142] Vgl. Underberg, Kreativwirtschaft in der Metropole Ruhr, S. 3
[143] Vgl. NRW.Bank (Hg.), Kultur- und Kreativwirtschaft, S. 18
[144] Vgl. RWI (Hg.), Innovationsbericht 2008, S. 146
[145] Vgl. Rackwitz, Das Ruhrgebiet als Kulturhauptstadt Europas 2010, S. 109
[146] Vgl. http://www.ruhrbarone.de/kreativitatsindex-schlechte-noten-fur-das-ruhrgebiet/, 08.06.09

4 Analyse einzelner Kreativwerkstätten

Aufbauend auf die vorgestellten Grundlagen soll diese Analyse Aufschluss über die Effizienz der Kreativwerkstätten geben. Allgemeine Ziele der Werkstätten sind:

- Erhöhung der Identifizierung der Bevölkerung mit Ruhrgebiet und Kreativwirtschaft
- Implementierung des „Wandels durch Kultur" auf Grundlage des regionalen Potenzials

Dabei sollte der Imagewandel unter Wahrung der regionalen Identität erfolgen, um eine nachhaltige Wirkung der Werkstätten zu garantieren.

Insgesamt gliedert die Kulturhauptstadt RUHR.2010 ihren Inhalt in die Schwerpunkte *Eintauchen, Entdecken, Erleben, Bewegen* und *Reisen*. Die zwei erstgenannten Punkte grenzen das Ruhrgebiet geografisch ab und stellen daher die Areale von Essen bis Dortmund sowie die einzelnen Passagen vor. *Bewegen* erörtert Konzepte zur langfristigen Nutzung der Kulturhauptstadteffekte. *Reisen* vermarktet das Ruhrgebiet entsprechend als touristische Destination.

Tabelle 5: RUHR.2010 *Erleben* - Teilbereiche und deren Inhalt

Erleben-Teilbereiche	Inhalt der Projekte
Panoramen	Höhepunkte aller *Erleben*-Teilbereiche
Sichtwechsel	Darstellung der bereits etablierten kulturellen Infrastruktur
Nachtgestalten	Veranstaltungen bei Nacht
Quartiere	Umwandlung ehemaliger Fabriken/ Industrieflächen in Kulturstätten
Kreativwerkstätten	„Wandel durch Kultur" mit dem Ziel des Neuanfangs als kreative Metropole in Europa
Brücken	Integration der diversen Kulturen/ Nationalitäten der Region
Spielwiesen	Foren für Kinder- und Jugendprojekte
Fernblicke	europäische Zusammenarbeit im Bereich Kreativität/Kultur

Der Punkt *Erleben* beschäftigt sich vorrangig mit den Veranstaltungen und Höhepunkten von RUHR.2010 und teilt diese wie oben dargestellt thematisch in acht Teilbereiche ein. Mit der Aufteilung seines Programms in die obigen Punkte versucht RUHR.2010 das Kulturhauptstadtjahr klar zu strukturieren. Dies gelingt beispielsweise mithilfe der geografischen Abgrenzung, da dies die Vagheit des Begriffes „Ruhrgebiet" aufhebt und dem Besucher die *Reisevorbereitung* erleichtert. *Erleben* kommuniziert die einzelnen Projekte und Veranstaltungen von RUHR.2010, erzeugt Erwartungen beim Besucher und setzt somit Schwerpunkte für dessen *Reisedurchführung*. Auch die *Nachbereitung* des Kulturhauptstadtjahres findet durch *Bewegen* und *Reisen* Berücksichtigung.

Eine eindeutige und aufschlussreiche Strukturierung des Programms gelingt aber nicht, was mehreren Faktoren geschuldet ist.

So sind beispielsweise die Überschriften der acht Teilbereiche von *Erleben* teilweise abstrakt formuliert [Übersicht im Anhang], sodass sie beim potenziellen Besucher keine positiven Erwartungen sondern vielmehr Verwirrung und Unsicherheit auslösen. Da die Unterpunkte des jeweiligen Teilbereiches vorwiegend Namen von regionalen kulturellen Einrichtungen tragen, geben auch diese keinen Aufschluss für Außenstehende.[147] RUHR.2010 schafft somit im selben Moment neue weitschweifige Begriffe, in welchem es das Ruhrgebiet ursprünglich „fassbar" machen wollte. Das Konzept der Kulturhauptstadt lässt sich daher für den potenziellen Gast schwer nachvollziehen und behindert ihn dabei, die Fülle an Projekten und Veranstaltungen zu erfassen, zu überblicken und den Inhalt der Teilbereiche gegeneinander abzugrenzen.

Dies stellt eine grundlegende Schwäche im Konzept der Kulturhauptstadt dar, da dies die aktive Beteiligung der regionalen Bevölkerung und der Touristen an der kulturellen Neustrukturierung behindert. Das kann den Imagewandel langfristig hemmen, da die nachhaltige Etablierung von Kreativwirtschaft nur unter Einbeziehung der regionalen Interessengruppen und der Wahrnehmung des Wandels durch Außenstehende möglich ist.

Die Analyse einzelner Kreativwerkstätten gibt Aufschluss darüber, inwiefern sie die Bevölkerung in den angestrebten kulturellen Wandel einbeziehen und unter Wahrung der regionalen Identität den Schwerpunkt auf Kreativwirtschaft verlagern.

---

[147] Vgl. RUHR.2010 GmbH (Hg.), Kulturhauptstadt Europas 2010 – Buch eins, S. 4f.

4.1 RuhrPop.2010

Die Werkstatt RuhrPop.2010 „... hat sich die Vernetzung und Förderung zahlreicher musikwirtschaftlicher Bereiche der Metropole Ruhr zum Ziel gesetzt."[148] Dabei beschäftigt sich die *Strukturförderung* mit der Herstellung von Kommunikations- und Präsentationsplattformen, um eine enge Zusammenarbeit zwischen Künstlern, Festivals und Musikmedien zu ermöglichen. Dies und die Kooperation mit den weiteren Kulturhauptstädten 2010 Istanbul und Pécs schaffen Synergieeffekte.

Zur Verbesserung der Kommunikation besteht der *RuhrPop-Kongress.* Neben Vertretern der Musikwirtschaft wendet er sich auch an Musikinteressierte in den Wirtschaftssegmenten Tourismus und Medien. Dies soll die Wechselwirkungen unterschiedlicher Wirtschaftssegmente verstärken und somit die Kreativwirtschaft fördern. Mit Gründung der *Ruhr Music Commission* 2008 erhielt das Ruhrgebiet ein Organ, um die Interessen der Musikwirtschaft einheitlich in Verwaltung und Politik zu kommunizieren. All diese Instrumente von RuhrPop sind positiv, da sie der in Punkt 2.3.1 erwähnten Netzwerkbildung nachkommen und die Kreativität nicht auf eine Branche begrenzen sondern den Austausch zwischen den Bereichen fördern. Weiterhin greifen diese Projekte bereits vorhandene kulturelle Großevents der Region, wie Festivals, auf und vernetzen diese. Die bisher genannten Projekte von RuhrPop fügen sich somit in die langfristige Entwicklungsstrategie ein. Widersprüchlich dazu ist die für 2010 in Duisburg geplante Loveparade. Laut RUHR.2010 unterstützt sie es durch die hohe mediale Aufmerksamkeit „...neue Bilder der Metropole Ruhr in die Welt hinauszutragen und das Image des rußgeschwärzten Ruhrgebiets abzustreifen."[149] Das hohe Interesse durch die Medien bietet zweifellos die Möglichkeit zum Imagewandel. Allerdings bleibt fraglich, ob ein Event, dessen Ursprung in Berlin liegt, sich dazu anbietet. Dies spiegelt die Auffassung der Bewohner wider: obwohl 90% die Loveparade kennen, empfinden sie es als das am wenigsten zum Ruhrgebiet passende Festival.[150] Nach Meinung der Autorin ist ein importiertes Großevent nicht geeignet, um einen strukturellen Wandel herbeizuführen. Die Loveparade hat sich über mehrere Jahre hinweg in Berlin weiterentwickelt. Die Verlagerung in das Ruhrgebiet streift der Region somit

---

[148] ebenda, S. 84

[149] ebenda, S. 85

[150] Vgl. Forsa (Hg.), Wandel durch Kultur?, S 11f.

ein fremdes Image über, ohne dabei auf lokale Standortfaktoren einzugehen. Aktuelle Negativschlagzeilen zur Absage der Loveparade 2009 in Bochum schaden dem Ruhrgebiet weiterhin, da sie es unglaubwürdig erscheinen lassen. Noch im Jahr 2007 war geplant, das Festival bis 2011 jährlich in einer anderen Stadt der Metropole Ruhr durchzuführen. Nach den Veranstaltungen 2007 in Essen und 2008 in Dortmund scheitert dieses Vorhaben bereits im dritten Jahr aus infrastrukturellen und organisatorischen Gründen.[151]

Insgesamt ist dieses Projekt als nicht gelungen anzusehen, da es weder das ursprüngliche noch das angestrebte Selbstbild des Ruhrgebietes widerspiegelt.

4.2 RuhrJazz.2010

Die Aktivitäten dieser Kreativwerkstatt verfolgen ähnliche Ziele wie diejenigen von RuhrPop.2010, nämlich die Vernetzung der Musikszene des Ruhrgebietes durch regionale und europaweite Kooperationen und Netzwerke. Als wesentlicher Unterschied liegt der Fokus hierbei auf Jazz, einer weniger populären Musikrichtung im Ruhrgebiet. Um den Bekanntheitsgrad dieser Musik zu steigern, konzipierte RUHR.2010 das Projekt *Laute Post*.

Dieses trägt mit „...regionalen Akteuren und internationalen Gästen ein musikalisches Spiel..."[152] aus. Dabei „wandert" von Mai bis November 2010 ein Orchester durch die Metropole Ruhr, welches musikalische Nachrichten durch das Gebiet trägt und diese von Ort zu Ort abändert und erweitert. Dieses Projekt ist insofern sinnvoll, da es das Zusammengehörigkeitsgefühl der einzelnen Städte des Gebietes stärkt. Das Konzert ist kein einmaliges ortsgebundenes Event sondern integriert diverse Städte und schafft somit für den Besucher den Anreiz das Ruhrgebiet als Ganzes kennen zu lernen. Dies ist für die Etablierung von Kreativwirtschaft deshalb vorteilhaft, da sich dem Gast durch den Besuch mehrerer Orte der Facettenreichtum der Region eröffnet. Ein abwechslungsreiches Angebot zur Freizeitgestaltung zieht Kreativarbeiter an und schafft somit die entscheidende Grundlage für diesen neuen Wirtschaftszweig.

---

[151] Vgl. http://loveparade.com/, 03.06.09
[152] RUHR.2010 GmbH (Hg.), Kulturhauptstadt Europas 2010 – Buch eins, S. 86

4.3 RuhrDesign.2010

Das hierzu gehörende Projekt zielt darauf ab, die Designstärke des Ruhrgebietes weiter auszubauen. Bereits bestehende weltweit anerkannte Institutionen wie das „Designzentrum NRW", das „red dot design museum" der Zeche Zollverein und die Folkwang Hochschule mit dem entsprechenden Fachbereich bilden hierzu die Grundlage.

Das Konzept zu *DESIGNKIOSK* besteht darin, „… mit einem Dialog- und Ausstellungsprojekt die ökonomische und kulturelle Bedeutung" der Arts & Crafts Branche im Ruhrgebiet darzustellen. Eine europäische Jury bewertet dabei angefertigte Unikate und Kleinserien von Designern des Ruhrgebietes und der Partnerstädte. Die 30 Bestplatzierten erhalten zur Ausstellung ihrer Kollektion jeweils einen aktiven Kiosk in der Metropole Ruhr, der dabei weder seine Funktionalität noch seine äußere Gestalt ändert. Die entstandene Thematik der *DESIGNKIOSKE* fasst die Kioskroute, die durch das Ruhrgebiet verläuft zusammen. Mit diesem Projekt versucht RUHR.2010 Kultur und Kunst im täglichen Leben der Bewohner zu verankern. Dies soll die bewusste Auseinandersetzung mit Kunst unterdrücken und sie stattdessen im Alltag öffentlich begreifbar und erlebbar machen. Erfolg versprechend ist das Projekt deshalb, weil es versucht, die im Ruhrgebiet bereits etablierte künstlerische Branche in der breiten Bevölkerung zu verankern. Aufgrund des Bezuges zur Region kann dies unter Mitwirkung der Bevölkerung zu einer nachhaltigen Entwicklungsstrategie für Arts & Crafts führen.

4.4 RuhrArt.2010

Das Ruhrgebiet strebt mit dieser Kreativwerkstatt an, die Kunstmarktplätze überregional zu vernetzen, um durch gezielte Impulse die Marktentwicklung der künstlerischen Szene im Umfeld voranzutreiben.

Dabei integriert es systematisch bereits etablierte Großveranstaltungen in das Konzept der Kulturhauptstadt. So findet *contemporary art ruhr* – der Überbegriff für ein jährlich stattfindendes Forum für Medienkunst, Projekte, Fotografie und eine dazugehörige Messe für Bildende Kunst – bereits seit 2004 statt und verzeichnet seitdem ständig wachsende Besuchererfolge nebst kontinuierlicher Förderer und Sponsoren. Allein im Jahr 2008 zog die Messe 6000 Kunstinteressierte an, was einen Besucherzuwachs von 1000 Personen darstellt.[153] Ziel der *contemporary art ruhr* ist es, „...eine Kunstmesse in der Metropole Ruhr zu etablieren, die als kreativwirtschaftliche Aktivität innovative und unkonventionelle Wege beschreitet, um einen ruhrgebieteseigenen Kunstmarkt zu entwickeln."[154] Dies gelingt durch zwei wesentliche Faktoren. Einerseits verknüpfen Forum und Messe das Ursprüngliche und Charakteristische des Ruhrgebietes mit dem angestrebten künstlerischen Image, da mit dem Weltkulturerbe Zeche Zollverein eine eindrucksvolle Industriearchitektur als Ausstellungsort fungiert. Des Weiteren geben Förderflächen Newcomern der Bildenden Künste die Chance, ihre Werke auf einer hochrangigen Kunstmesse auszustellen. Dies gewährleistet den Einbezug der örtlichen Bevölkerung und somit den Strukturwandel „von unten".

Ähnlich ausgerichtet ist die *KUBOSHOW*. Diese Kunstmesse, die bereits seit 13 Jahren in den Flottmannhallen Herne stattfindet fokussiert speziell Newcomer. Sie erhalten hier die Möglichkeit, ihre Werke auszustellen und deren unmittelbare Wirkung auf den Konsumenten sowie deren Marktwert zu prüfen. Da die Ausstellung zum direkten Kontakt zwischen Künstler und Nutzer führt, baut sie „Berührungsängste" der noch immer industriell ausgerichteten Bevölkerung ab und macht Kunst „nahbar". Weiterhin birgt diese Messe sowohl für den Nachwuchskünstler als auch den Konsumenten Vorteile: „Künstler können so ihre Preise und Marktfähigkeit prüfen, angehende Sammler können risikofrei erste Schritte im Kunsthandel unternehmen."[155] Da erneut eine ehemalige Industriestätte zur Ausstellung dient, ist auch hier der Bezug zum ursprünglichen Ruhrgebiet gegeben.

Das Projekt *bild.sprachen* der Kreativwerkstatt RuhrArt.2010 greift das seit Langem bestehende Imagedefizit des Ruhrgebiets auf: „Eine der Hauptaufgaben der letzten 25 Jahre bestand darin, das Bild des Ruhrgebietes in der Öffentlichkeit zu korrigieren und die Wandlungsfähigkeit der Region zu kommunizieren."[156] Daher beschäftigt sich die Fotomesse *bild.sprachen* bereits im Vorfeld des Kulturhauptstadtjahres 2010 damit, „... die besondere Leistungsfähigkeit der Region

---

[153] Vgl. http://www.openpr.de/news/262266/contemporary-art-ruhr-eine-neue-Kunstmesse-strahlt-auf-Zollverein.html, 04.06.09

[154] RUHR.2010 GmbH (Hg.), Kulturhauptstadt Europas 2010 – Buch eins, S. 88

[155] ebenda, S. 89

[156] KVR (Hg.), Ein starkes Stück Ruhrgebiet 1979-2004, S. 37

im Bereich der Fotografie"[157] zu zeigen. Die Ausstellung zeigte gezielt Aufnahmen an der „...Schnittstelle zwischen Gebrauchsfotografie (Design) und Kunst"[158] und ermöglicht dadurch die Etablierung der Kunst „von unten". *bild.sprachen* verfolgt das Ziel, eine Kommunikationsplattform zwischen den einzelnen Produzenten und eine Kontaktbörse zwischen Produzent und Konsument zu schaffen.

Die Veranstaltung fand bereits 2008 statt. Bis 2010 erfolgen kontinuierlich weitere Seminare, Vorträge und Projekte[159], was die Beschäftigung mit der Thematik über das Kulturhauptstadtjahr hinaus impliziert. Dies ist sinnvoll, da sich somit im Jahr 2010 Events, welche sich mit Fotografie beschäftigen direkt an dieser langfristigen Entwicklungsstrategie ausrichten können.

Insgesamt sind die Projekte der Werkstatt RuhrArt.2010 sehr effektiv gewählt. Mit *contemporary art ruhr* und *KUBOSHOW* greift die Kulturhauptstadt bereits etablierte Veranstaltungen auf und zeigt damit, dass der kultur- und kreativwirtschaftlicher Wandel schon im Gange ist und widerlegt das Image des grauen Kohlenpotts. Weiterhin hat die breite Bevölkerung nicht nur Zugang zu den Kunststätten, sondern auch die Möglichkeit aktiv mitzuwirken. Sei es durch die Ausstellung eigener Werke oder den Besuch von Messen mit der Möglichkeit zum Kauf, der Bürger ist angehalten, sich mit der präsentierten Kunst auseinanderzusetzen.

4.5 RuhrGames.2010

Mit der Kreativwerkstatt RuhrGames.2010 behauptet das Ruhrgebiet seine Position als einer der wichtigsten deutschen Standorte der Entwicklung von Video- und Computerspielen. Die zahlreichen Entwicklerfirmen wie etwa Funatics Software, eyerock media in Oberhausen und aruba in Mühlheim[160] haben ebenso Leitcharakter wie diverse namhafte Veranstaltungen der Branche. Die Vernetzung branchenspezifischer Akteure und Veranstaltungen soll durch den weiteren Ausbau dieses vorteilhaften IST-Zustandes Wachstumspotenziale fördern. Dabei wirken die beiden Projekte dieser Kreativwerkstatt – das *Living Games Festival* und der *Deutsche Entwicklerpreis* – katalysatorisch.

---

[157] RUHR.2010 GmbH (Hg.), Kulturhauptstadt Europas 2010 – Buch eins, S. 89
[158] ebenda
[159] Vgl. http://www.bildsprachen.de/veranstaltungen/, 04.06.09
[160] Vgl. http://www.game-bundesverband.de/index.php?lang=ger&id=3&sub_id=14, 04.06.09

Ersteres wurde erstmals 2008 veranstaltet und ist hinsichtlich seiner Thematik europaweit einzigartig, da es ausschließlich die kulturellen Aspekte von Videospielen beleuchtet. Das zweitägige Festival findet seitdem jährlich in der Bochumer Jahrhunderthalle statt und ist bestrebt, neue und kreative Ansätze in der Spielentwicklung zu vermitteln. Daher thematisieren Podiumsdiskussionen mit Fachleuten wie Spielautoren und -designern Fragen wie den Spieleinsatz im Lehrbereich, deren Medienkompetenz und Möglichkeiten zur Kreativitätsförderung. 2009 ermöglicht die Independent Games Show Nachwuchsentwicklern erstmalig, ihre Entwürfe und Spielprojekte vorzustellen. Die Besucher des Living Games Festivals stimmen nach ausführlichen Tests für das beste Konzept und werden von daher aktiv an der Weiterentwicklung der Gamesbranche beteiligt.[161]

Der *Deutsche Entwicklerpreis* stellt wie das erste Projekt ein langfristig entwickeltes Konzept dar. Die Verleihung des „Oscars der Gamesbranche" findet seit 2004 in Essen statt und bindet die stark wachsende Spielewirtschaft somit an das Ruhrgebiet. Infolgedessen entstehen in diesem kreativen Sektor beständig neue Arbeitsplätze.[162] Mit dem Ausbau dieses Wirtschaftszweiges fördert die Metropole Ruhr also nachhaltig den strukturellen Wandel zur Kreativwirtschaft.

Die Kreativwerkstatt RuhrGames.2010 verbindet die natürliche Stärke des Ruhrgebietes durch einzigartige kreativwirtschaftliche Projekte mit dem angestrebten kulturellen Wandel und bezieht dabei die Bevölkerung aktiv mit ein. Die Etablierung von Kreativwirtschaft auf Grundlage der Computer- und Videospielbranche ist sinnvoll und nachhaltig, da sich diese derzeit rasant weiterentwickelt. Neben der Filmindustrie ist dieser Wirtschaftszweig in der Kulturindustrie am umsatzstärksten und erwirtschaftete allein im ersten Halbjahr 2008 über eine Milliarde Euro.[163]

4.6 Einzel-Kreativwerkstätten

Neben den erwähnten Werkstätten, welche diverse untergeordnete Projekte vereinen, bestehen drei weitere eigenständige Großprojekte.

Das Erste – *2010lab.com* – strebt die Errichtung einer Online-Plattform zur Vernetzung von Kreativität, Kunst und Kultur mit Wissenschaft und Kommunikation

---

[161] Vgl. http://living-games-festival.de/, 04.06.09
[162] Vgl. RUHR.2010 GmbH (Hg.), Kulturhauptstadt Europas 2010 – Buch eins, S. 90f.

an. Dieses „Internet-Protokoll-Fernsehen", kurz IP-TV, nutzt das fortschrittliche Medium Internet, um mit der Übertragung von Programmen und Filmen über ein digitales Netzwerk die Kommunikation zwischen Produzenten und Nutzern zu erleichtern. Dies hat positive Auswirkungen auf die Nachhaltigkeit und Zukunftsfähigkeit des strukturellen Wandels. Der Ansatz dieses Projektes ist positiv, da die modernen Medien breite Bevölkerungsgruppen ansprechen und somit die Chance des länderübergreifenden Imagewandels besteht. Allerdings bedarf dieses Konzept noch einer wesentlich detaillierteren Ausarbeitung, um sich profilieren zu können. Nur wenn sich die IP-TV-Plattform von bereits bestehenden Online-Portalen wie youtube.com abhebt, kann die Einzigartigkeit des Ruhrgebietes glaubhaft kommuniziert werden.

Im Jahr 2010 trägt die Kulturhauptstadt RUHR.2010 *ISEA*, das weltweit größte Festival für elektronische Kunst aus. Da diese Veranstaltung bereits seit 1988 aller zwei Jahre in einer anderen Stadt der Welt stattfindet, hat es somit die Chance, die hohe internationale Wahrnehmung zum Imagewandel zu nutzen. Über den Zeitrahmen von *ISEA* hinaus finden im gesamten August 2010 Ausstellungen, Konferenzen und Auftritte statt, welche die Medienkunst repräsentieren. Das eigentliche zehntägige Festival beschäftigt sich mit wichtigen Fragen zur künstlerischen Arbeit elektronischer und digitaler Medien wie Copyrights oder Neuentwicklungen. Dies integriert den neu entstehenden Wirtschaftszweig der Kreativindustrie von Anfang an in das Ruhrgebiet und kreiert dadurch Arbeitsplätze für einen noch unbekannten Künstlertypus.

Die Verankerung neuartiger Wirtschaftszweige der Kreativbranche durch ein solches Festival ist zweifelsfrei medienwirksam, kann die Außenwahrnehmung erheblich ändern und den strukturellen Wandel durch die daraus folgende Anziehung von Kreativarbeitern beschleunigen. Allerdings bleibt die Frage offen, inwiefern der durchschnittliche Ruhrgebietsbewohner sich mit einem derartigen neuartigen Wirtschaftszweig identifizieren kann oder will und dementsprechend unterstützt. Daher wäre besonders in der Anfangsphase eine Vernetzung mit anderen Veranstaltungen medialer Wirtschaftszweige sinnvoll. Dies würde dem Besucher eine unbewusste Auseinandersetzung mit der Branche Medienkunst

---

[163] Vgl. http://www.spiegel.de/netzwelt/spielzeug/0,1518,572152,00.html, 04.06.09

ermöglichen und könnte somit zur schnelleren Integration in die Wirtschaft des Ruhrgebietes führen.

Eine Rückbesinnung auf die traditionelle Kultur im Ruhrgebiet erfolgt durch das *Filmstudio Glückauf* in Essen. Dieses älteste Filmtheater Nordrhein-Westfalens stammt aus dem Jahr 1924 und wurde als „Reformkino" gegründet. Dementsprechend fokussierte es im Gegensatz zu anderen zeitgenössischen Kinos die Kunstform des Filmes. Im Zeitraum von 1991 bis 2001 erhielt es jedes Jahr erneut die Auszeichnung von Bund und Land für ein „hervorragendes Jahresfilmprogramm". Bis 2007 erfolgte die Entkernung des Filmstudios, was zur Schließung führte. Aktuell erfolgt bereits die Wiederherstellung der ursprünglichen Funktionalität, indem Original-Elemente aus den 1920ern wieder eingebaut werden. Damit versucht das Ruhrgebiet seine kulturelle Geschichte und Tradition abseits der Industriekultur erlebbar zu machen. Bis zur Wiedereröffnung im September 2009 soll des Weiteren ein Kulturpfad das Filmstudio Glückauf mit weiteren Kunst- und Kulturstätten Essens verbinden. Dazu gehören etwa das Museum Folkwang oder die Philharmonie. Diese Vernetzung schafft eine Orientierungshilfe und Synergieeffekte, sodass die Essener Kultur im Gesamtpaket erlebbar wird. Auf dieser Grundlage kann sich der Image- und Strukturwandel gut implementieren, denn das Ruhrgebiet wird dadurch ein „… attraktiver Anziehungspunkt für eine kreative Klasse, die urbane Lebensqualität mit Kunstanspruch verbindet."[164]

Hier greift RUHR.2010 FLORIDAs These auf, dass die kreative Klasse sich weniger aufgrund eines lukrativen Jobangebotes sondern vielmehr wegen einer lebenswerten Atmosphäre für einen Wohnort entscheidet. Entsprechend der Aussage „I want the option available when I want to do it"[165] stellt das kulturelle und natürliche Angebot einen entscheidenden Einflussfaktor auf die Ansiedlung der Kreativklasse in einer Region dar.

In Zukunft soll das Festival der Kreativwirtschaft *Kreative Klasse Ruhr* entstehen. Neben dem seit 2007 stattfindenden „Tag der Offenen Tür der Kreativwirtschaft" soll dieses regionale Festivalkonzept dem Besucher die schöpferischen Branchen vorstellen.

Diese Idee ist sinnvoll, da sie zum einen die Zusammenarbeit der polyzentrischen Metropole fördert und andererseits den diffusen Begriff „Kreativwirtschaft" begreiflich

---

[164] RUHR.2010 GmbH (Hg.), Kulturhauptstadt Europas 2010 – Buch eins, S. 93

macht und abgrenzt. Wird dieses Konzept erfolgreich implementiert, spricht dies diverse Bevölkerungsgruppen an und motiviert zur Mitwirkung, sodass sich der Strukturwandel im gesamten Ruhrgebiet gleichmäßig vollziehen kann.

4.7 Gesamtwertung der Kreativwerkstätten

Dieser Punkt überprüft die Kreativwerkstätten hinsichtlich der Erfüllung ihrer angegebenen Ziele. Der weitschweifige Begriff „Kreativwerkstatt" birgt die Schwierigkeit, dass er kontraproduktiv zum Bestreben ist, Kreativwirtschaft verständlich zu machen und in der breiten Bevölkerung zu verankern. Weiterhin induziert der Begriff eine Assoziation in Richtung diverser Mitwirkungsmöglichkeiten der Kulturhauptstadt-Besucher, welche aber nur in einigen Projekten wie dem *Living Games Festival* oder der *contemporary art ruhr* gegeben ist. Dies kann zur Enttäuschung führen, da die Erwartungen des Gastes nicht erfüllt werden.

Insgesamt sind die Kreativwerkstätten und deren einzelnen Projekte gelungen. Positiv ist etwa, dass jede Werkstatt einen anderen Wirtschaftszweig abdeckt. Das ist besonders in der branchenübergreifenden Kreativwirtschaft wichtig, ermöglicht den vielschichtigen Wandel und integriert Kreativköpfe aus diversen Sachgebieten.

Einzig die *loveparade* der Werkstatt RuhrPop.2010 birgt wie erwähnt die Gefahr der fehlenden Identifizierung und kann die neue Imagebildung negativ beeinflussen.

Die anderen Projekte stellen aufgrund ihrer teils städteübergreifenden Zusammenarbeit gute Möglichkeiten dar, die polyzentrische Metropole Ruhr zu vernetzen. Erst dies ermöglicht die Identitätsfindung der Bewohner, welche Grundlage für die Schaffung einer lebenswerten Atmosphäre mit der Möglichkeit zur Identitätsverwirklichung ist.

Einige Konzepte sind hinsichtlich der Mitwirkung der Besucher noch ausbaufähig. Dem Grundsatz der Kreativwirtschaft entsprechend sollte jedes Projekt dem Einzelnen die Selbstverwirklichung und Innovationsfindung ermöglichen, sei es durch Diskussionsforen, Workshops oder der aktiven Teilnahme an Wettbewerben.

Die Kreativwerkstätten stellen folglich effektive Instrumente der Kulturhauptstadt dar, um den strukturellen Wandel voranzutreiben. Aufgrund der erhöhten nationenübergreifenden Aufmerksamkeit können so auch seit Langem bestehende Imagedefizite ausgeglichen werden.

---

[165] Florida, The Rise of the Creative Class, S. 225

5 Ausblick

Die Arbeit hat aufgezeigt, dass sich die Verwaltung des Ruhrgebietes über die Notwendigkeit zum strukturellen Wandel bewusst ist und diesen durch vereinzelte Maßnahmen bereits zu implementieren versucht. Seit die IBA Emscher Park als erste Großveranstaltung die Umgestaltung des Ruhrgebietes thematisierte, hat sich die Ent-Industrialisierung fortgesetzt. Die durch diesen Schrumpfungsprozess entstehenden Freiräume müssen für Innovationen genutzt werden, wenn die Metropole Ruhr zu einem „polyzentrischen Kreativzentrum" heranwachsen will.

Ein solcher kreativwirtschaftlicher Wandel kreiert branchenübergreifend Arbeitsplätze und gibt dem Gebiet die Chance zur ökonomischen und sozialen Reanimation.

Die Stärken des Ruhrgebietes bestehen besonders darin, dass es 2001 als erste Region Deutschlands Kreativwirtschaft aufgriff und seitdem in das Konzept zur Regionalentwicklung integriert.

Das Kulturhauptstadtjahr sollte diese Stärken und bereits etablierten kulturellen und kreativen Projekte aufgreifen, ausbauen sowie gleichzeitig bestehende Schwächen aufheben. Die größte Herausforderung besteht hierbei darin, die von Montanindustrie geprägte Bevölkerung von diesem innovativen neuartigen Konzept zu überzeugen.

Um dies zu erreichen bieten die Kreativwerkstätten die Möglichkeit der aktiven Einbeziehung der Bewohner, um deren Interesse zu wecken. Gleichzeitig sollten sie aufzeigen, dass das Ruhrgebiet durch den strukturellen Wandel seinen ursprünglichen Charakter nicht verliert, sondern sich dieser mit Kreativität und Kultur verbinden lässt. Ist einmal das Interesse bei der Bevölkerung an Kreativwirtschaft geweckt, sollten die Kreativwerkstätten darüber hinaus eine aktive Unterstützung dieser neuartigen Branche ermöglichen, um nachhaltig zu wirken. Dazu ist es sinnvoll durch Kooperationen zwischen den einzelnen Städten eine lokale Identität und darauf aufbauend kreativwirtschaftliche Synergieeffekte zu schaffen.

Die Konzepte der Kreativwerkstätten sind weitestgehend gut und fokussieren diese Ziele.

Fraglich bleibt allerdings, inwiefern es gelingt, die über Jahrzehnte bestehenden Imagedefizite Außenstehender auszugleichen und die Vorbehalte der regionalen Bevölkerung gegenüber der diffusen Begriffe Kultur- und Kreativwirtschaft abzubauen. Besonders problematisch ist dabei, dass einzelne Projekte aufgrund organisatorischer Schwierigkeiten oder teilweise finanzieller Engpässen aufgrund der Wirtschaftskrise nicht stattfinden. Dies schränkt die Öffentlichkeitswirksamkeit von RUHR.2010 nachhaltig ein und macht sie teilweise unglaubwürdig.

Weiterhin bleibt anzuzweifeln, inwiefern das Ruhrgebiet trotz aller kulturellen Bemühungen jemals konkurrenzfähig zu bereits bestehenden Kulturmetropolen wie Berlin, Hamburg oder München sein wird.[166] Diese Regionen verfügen über ein natürlich vorhandenes vielfältiges Kulturangebot, sodass sich dort viele frei schaffende Künstler, Schriftsteller und Musiker konzentrieren. Mit diesen Kreativzentren gleichzuziehen, die den Schwerpunkt auf die Kulturbranche legen, stellt einen langwierigen und kostenaufwändigen Prozess dar, dessen Erfolg nicht garantiert sein kann.

Empfehlenswert ist es daher, ein eigenes Konzept zum kreativwirtschaftlichen Wandel umzusetzen, statt kulturell ausgerichtete Kreativzentren kopieren zu wollen. Erfolg versprechend könnte es aufgrund der gut ausgeprägten Bildungs- und Forschungslandschaft sein, die Attraktivität für Techniker und Ingenieure zu erhöhen. Auch in dieser Branche sind viele Kreativarbeiter tätig, sodass dies ebenso effektiv zum kreativwirtschaftlichen Wandel beitragen kann wie die Konzentration auf kulturelle Branchen.

Da das Ruhrgebiet hinsichtlich der kulturellen Infrastruktur aktuell im Vergleich zu anderen Metropolregionen Deutschlands aber noch Defizite aufweist, ist die Aufarbeitung von kulturellen Aspekten durch Kreativwerkstätten ebenso wichtig wie die Darstellung technologischer Elemente des Ruhrgebietes. Erst der Kulturausbau ermöglicht einen Imagewandel und dementsprechend die Ansiedlung der Kreativklasse.

Um Kreativwirtschaft langfristig in der Metropolregion Ruhr zu verankern, muss eine langfristige Beobachtung Aufschluss darüber geben, welche Branchen sich bevorzugt im Ruhrgebiet konzentrieren.

Diese Entwicklung ist zum jetzigen Zeitpunkt noch nicht abzusehen, da das Kulturhauptstadtjahr 2010 erst zeigen wird, inwiefern Imagedefizite ausgeglichen und die Etablierung von Kreativwirtschaft im Allgemeinen katalysiert werden konnten.

---

[166] Vgl. http://rangliste.faz.net/staedte/ranking.php?id=single&stadt=muenchen, 09.06.09

Quellenverzeichnis

Bücher

Braczyk, H.-J., Kerst, C., Seltz, R.: Kreativtät als Chance für den Standort Deutschland, Berlin 1998

Florida, R.: The Rise of the Creative Class, New York 2002

Freyer, W., Meyer, D., Scherhag, K.: Events – Wachstumsmarkt im Tourismus?, Dresden 1998

Liebmann, H., Robischon, T. (Hg.): Städtische Kreativität – Potenziale für den Stadtumbau, Darmstadt 2003

RUHR 2010 (Hg.): Kulturhauptstadt Europas RUHR.2010 – Buch eins, Bochum 2008

Wirtz, R. (Hg.): Industrialisierung – Ent-Industrialisierung – Musealisierung?, Köln 1998

Wöhe, G., Döring, U.: Einführung in die Allgemeine Betriebswirtschaftslehre, 2. Aufl., München 2005

Internetquellen

http://www.bildsprachen.de
http://bochumtotal.de
http://www.businessweek.com
http://www.essen.de
http://www.essen-fuer-das-ruhrgebiet.ruhr2010.de
http://www.game-bundesverband.de
http://www.ihk-nordwestfalen.de
http://www.kreativwirtschaft-deutschland.de
http://www.kultur-im-ruhrgebiet.de
http://living-games-festival.de/
http://www.loveparade.com
http://www.openpr.de
http://www.rangliste.faz.net
http://www.route-industriekultur.de
http://www.ruhrbarone.de

http://www.ruhrtriennale.de
http://www.rvr-online.net
http://www.spiegel.de
http://www.strassen.nrw.de
http://www.welt.de
http://www.wiso.net
http://www.wissenschaft2010.de/

Studien
Forsa (Hg.): Wandel durch Kultur?, 2008
Geppert, J., MKW Gmbh Wirtschaftsforschung (Hg.): Kultur- und Kreativwirtschaft in Europa, Berlin 2007
KEA European Affairs (Hg.): The Economy of Culture in Europe, 2006
Rackwitz, S.: Das Ruhrgebiet als Kulturhauptstadt Europas 2010: Unternehmenskommunikation am Beispiel der RUHR.2010 GmbH, Dissertation, Bochum 2008
KVR (Hg.): Ein starkes Stück Ruhrgebiet 1979-2004, Essen 2004
NRW.Bank (Hg.): Kultur- und Kreativwirtschaft - Ökonomische Impulse für Nordrhein-Westfalen, Köln 2009
Läpple,D.: Kultur- und Kreativökonomie – neuer Motor der Stadtentwicklung?, Institut für Stadt- und Regionalökonomie, Leipzig 2008
RWI Essen (Hg.): Innovationsbericht 2008, Essen 2008
Underberg, D.: idr-Schwerpunktthema: Kreativwirtschaft in der Metropole Ruhr, Essen 2009

Sonstige
BMWI (Hg.): Initiative Kultur- und Kreativwirtschaft der Bundesregierung, 2009
IHK Ruhr (Hg.): Das Ruhrgebiet – Eine Region im strukturellen Wandel, 2008
Keicher, I., Brühl, K.: Was künftig Arbeit ist, KarrierenStandard, 2007
Landtag NRW Intern (Hg.): Parlament unterstützt Bewerbung. Ruhrgebiet ringt um den Titel "Kulturhauptstadt Europas 2010", 37. Jg., 2. Ausgabe, 2006
Microsoft Encarta: Microsoft Encarta Multimedia Enzyklopädie 2004
RUHR.2010 GmbH (Hg.): RUHR.2010 zum Mitnehmen, Essen 2009
Zukunftsinstitut: Megatrend Dokumentation, Megatrend New Work, Kelkheim 2009

Anhang

KREISE	BEREICHE	UNTERBEREICHE	MERKMALE
KERNGEBIETE DER KUNST	Bildende Künste	Handwerk Malerei – Skulpturen – Fotografie	• Nicht-industrielle Aktivitäten. • Diese Leistungen sind Prototypen und „potenziell urheberrechtlich geschützte Produkte", d.h. ein Großteil dieser Produkte sind kreative Neuschöpfungen, die urheberrechtlich geschützt werden könnten. Wie auch bei den meisten handwerklichen Arbeiten und einigen Produktionen der darstellenden bzw. bildenden Künste etc. wird dieser urheberrechtliche Schutz jedoch nicht systematisch umgesetzt.
	Darstellende Künste	Theater - Tanz – Zirkus - Festivals	
	Kulturelles Erbe	Museen – Büchereien – Archäologische Stätten - Archive	
KREIS 1: KULTURBRANCHEN	Film und Video		• Industrielle Aktivitäten für die Massenproduktion. • Ergebnisse beruhen auf urheberrechtlichem Schutz.
	Fernsehen und Rundfunk		
	Videospiele		
	Musik	Musikaufnahmen – Livemusikveranstaltungen – Einnahmen der Verwertungsgesellschaften in der Musikbranche	
	Bücher und Presse	Bücherveröffentlichung – Zeitschriften und Presseerzeugnisse	
KREIS 2: KREATIVE BRANCHEN UND AKTIVITÄTEN	Gestaltung	Modedesign, grafische Gestaltung, Innenarchitektur, Produktentwicklung	• Die Aktivitäten müssen nicht unbedingt industrieller Art sein. Es kann sich um Prototypen handeln. • Obwohl die Ergebnisse auf dem urheberrechtlichen Schutz beruhen, können andere durch geistiges Eigentum geschützte Produkte (z. B. Handelsmarken) einbezogen sein. • Der Einsatz von Kreativität (kreative Fähigkeiten und kreative Personen aus den Bereichen Kunst und Kulturindustrie) ist eine wesentliche Grundlage für die Leistungen dieser nicht kulturellen Sektoren.
	Architektur		
	Werbung		
KREIS 3: VERWANDTE INDUSTRIEN	Hersteller von PC, MP3-Playern, Mobiltelefonen usw.		• Diese Kategorie lässt sich nicht eingliedern oder mit klaren Kriterien definieren. Zu ihr gehören viele andere Wirtschaftsbereiche, die von den vorherigen „Kreisen" wie z. B. dem IKT-Bereich abhängen.

Abbildung 6: Sektoren der Kultur- und Kreativwirtschaft[167]

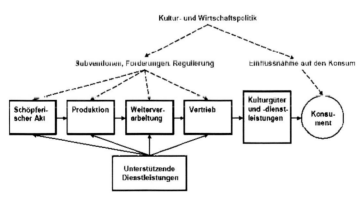

Abbildung 7: Wertekette der Kreativwirtschaft und politische Eingriffsmöglichkeiten[168]

---

[167] Quelle: KEA (Hg.), "The Economy of Culture in Europe", S. 56

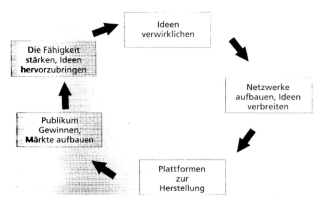

Abbildung 8: Der Kreislauf der Kreativität nach WOOD[169]

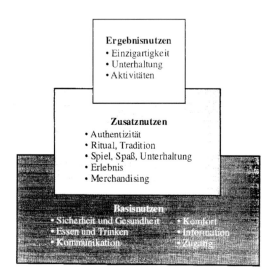

Abbildung 9: Event-Nutzen aus Nachfragersicht nach FREYER[170]

---

[168] Quelle: Läpple, Kultur- und Kreativökonomie - neuer Motor der Stadtentwicklung?, S. 55
[169] Quelle: Wood in Liebmann, Städtische Kreativität, S. 37
[170] Quelle. Freyer, Events – Wachstumsmarkt im Tourismus, S. 46

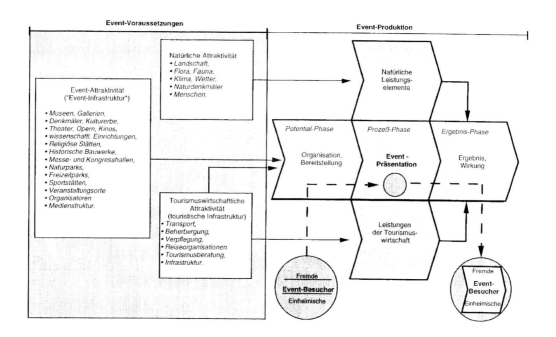

Abbildung 10: Leistungskette eines Events nach FREYER[171]

---

[171] Quelle: ebenda, S. 38

Abbildung 11: Route der Industriekultur[172]

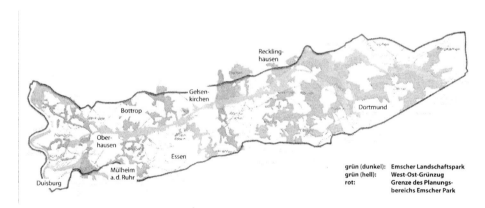

Abbildung 12: Umgestalteter Bereich der IBA Emscher Park[173]

---

[172] Quelle: http://www.route-industriekultur.de/media/downloads/RouteAllgemein/routenkarte.pdf#wechsel, 07.06.09

[173] Quelle: Serges Medien (Hg.), Schule 2002, S. 719

Inhalt

Unser Auftrag	2	**Panoramen**	58	Zwei Berge – Eine Kulturlandschaft	**Spielwesen**	110
Einstimmen	6	Schachtzeichen	58	Die Sehnsucht nach Ebene 2	Jedem Kind ein Instrument	110
Durchblicken	7	Museum Folkwang	59	Marxloh.Istanbul	pottfiction	111
ANSTEUERN	10	Ruhr Museum	59	Baukultur Salon	Street Art	112
		Museum Küppersmühle	60	Baukulturplan Ruhr	Erzählen. Märchenfestival	113
EINTAUCHEN	16	Landesarchiv Nordrhein-Westfalen	60		Kinder- und Jugendkultur	
Areal Essen	22	Moschee Marxloh	61	**Kreativwerkstätten**		
Areal Duisburg	24	Alte Synagoge	61	RuhrPop.2010	**Fernblicke**	114
Areal Oberhausen	26	Emil Schumacher Museum	62	Strukturförderung. Kongress.	Odyssee Europa	114
Areal Bochum	28	Dortmunder U	63	Ruhr Music Commission. Loveparade	Temporäre Stadt an besonderen Orten	115
Areal Dortmund	30	Die Zweite Stadt		RuhrJazz2010	P.E.N. Zentrum	115
					Theater der Welt 2010	115
ENTDECKEN	32	**Sichtwechsel**	64	jazzwerkruhr plays Europe. Laute Post	Rimini Protokoll – Landsmann Sein	117
Passage Ruhrtal		Unternehmenssammlungen	64	RuhrDesign.2010	Kontinent Kleist	118
René Pollesch: Ruhrtrilogie	37	GrenzGebietRuhr	65	DESIGNKIOSK	Mehr Licht!	
Ruhr Atoll	38	Das schönste Museum der Welt	66	RuhrArt2010	Zeitinsel Fazil Say	120
Ruhrlights / Twilights	39	Bilder einer Metropole	66	contemporary art ruhr	Kontaktbüro Wissenschaft	120
Haus Weitmar – Situation Kunst	39	A Star is Born	67	KUBOSHOW, bild sprachen	Global Young Faculty	121
				RuhrGames.2010	Zwischenlaute	121
Passage Hellweg	40	Helden	68	Living Games Festival		
Still-Leben Ruhrschnellweg	42	AufRuhr! Anno 1225	68	Deutscher Entwicklerpreis	**BEWEGEN**	122
B1 A40 – Die Schönheit der großen Straße	42	Route der Wohnkultur	69	2010ab.com	Kreativwirtschaft	124
Mord am Hellweg	43	Fotografie	70	ISEA	Gemeinsam Europa gestalten.	126
		Starke Orte	71	Filmstudio Glückauf	Kirchen. Mitten im Leben	129
Passage Emschertal	44	RuhrKunstMuseen	71	Kreative Klasse Ruhr	Jetzt wirds ehrenamtlich. Die Volunteers.	130
Emscher Kunst	46				Kulturhauptstadt ohne Barrieren.	131
Kulturkanal	47	**Nachtgestalten**	72	**Brücken**	96		
Nordsternturm	48	ExtraSchicht	72	MELEZ	97	**REISEN**	132
Emscher WERKautobahn	48	Licht RUHR2010	73	ISING	98		
Halde Lohberg-Nord/Erweiterung	49	Nacht der Literatur	73	Musica Enchiriadis. Sinfonie der Tausend		**GESTALTEN**	136
Land for Free	49	Biennale für internationale Lichtkunst	74	Day of Song	100		
		National Poetry Slam	74	Hans Werner Henze	101	Impressum	146
Passage Lippe	50	Wiegenlieder	75	Theaterquartier Ruhr	102		
Über Wasser gehen	51			2. Biennale Tanzausbildung	102		
Lippe + (Kunst@Aue)	51	**Quartiere**	78	AGORA			
		Kreativ.Quartiere	78	Sport ist Kultur!	104		
ERLEBEN	52	Dortmunder U	79	Local Heroes	104		
Premiere RUHR.2010	55	Viktoria Quartier Bochum	79	National Heroes	105		
7 Hochpunkte	56	Unna Massen	80	TWINS	106		
		2-3 Straßen	81	inter.cool. X Circus Ruhr			
				Seven European Gardens			

Abbildung 13: Übersicht über die Projekte der Kulturhauptstadt RUHR.2010[174]

---

[174] Quelle: RUHr.2010 GmbH (Hg.), Kulturhauptstadt Europas 2010 – Buch eins, S. 4f.

XVI

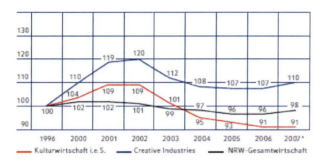

Abbildung 14: Beschäftigungsentwicklung in Kreativwirtschaft im Vergleich zur Gesamtwirtschaft NRWs[175]

Abbildung 15: Nationalitäten im Ruhrgebiet 2007[176]

---

[175] Quelle: NRW.Bank (Hg.), Kultur- und Kreativwirtschaft, S. 20

[176] Quelle: http://www.rvr-online.de/publikationen/statistik/archiv_2008/statistik_archiv_2008.php, 09.06.09